當代中華文化思想叢刊

想像西藏：

跨文化視野中的和尚、活佛、喇嘛和密教

下冊

沈衛榮　著

目次

第五章
背景書和書之背景：說漢文文獻中的西藏和藏傳佛教形象

一　引言

　　一九八七年初，中國權威文學雜誌《人民文學》（1-2期合刊）發表了一篇題為《亮出你的舌苔或空空蕩蕩》（後簡稱《亮出》）的小說。小說以「紀實」手法描述作者遊歷西藏見聞，內容涉及天葬、一妻多夫等西藏風俗，以及灌頂〔男女雙修〕等藏傳密教儀軌。它的發表馬上激發了在京藏胞的強烈抗議。政府當即以此小說醜化、侮辱藏胞，破壞民族團結為由，下令收回已發刊物，禁止其繼續發行和流通，並責令《人民文學》編輯部作公開檢查，給予主編劉心武以停職檢查處分。政府的這些果斷措施一時平息了藏胞們的憤慨，阻止了一場漢藏民族衝突的爆發。然而這部小說卻正因為受到了政府的批判而贏得了許多的讀者。直到今天依然有眾多的讀者從網上下載、閱讀這部小說，許多網友坦承這部小說曾是他們生平讀過的第一部禁書。毋庸置疑，這部小說對於漢族讀者認識西藏及其民族風情產生了巨大的影響。

　　這一轟動一時的事件據說在當事人、小說的作者馬建看來「純是一場歷史的誤會」。他說，在他以後遇到的藏族同胞中，「在談起這部作品時，沒有人將那些內容作為一種侮辱」。[1]說藏胞今天不將小說內

1　臧傑，《藝術功課》，南京：東南大學出版社，2003年。

容視作侮辱恐怕不是事實，但真要說這是一場歷史的誤會或許不無道理。因為馬建並非中國歷史上醜化、侮辱藏胞之第一人，他的小說實際上不過是許多個世紀以來漢人筆下番僧、番教形象的現代翻版，它所代表的這種對藏族文化的誤解和歪曲由來已久。若把這篇小說作為一個事件和文化現象來分析，我們或當首先探討它對藏族文化、習慣與宗教的表述與歷史上相關文本的關係，以說明其對西藏及其西藏文化之誤解所具有的歷史性。在這一點上，意大利作家和文化批評家Umberto Eco 先生關於不同文化之間的理解和誤解的討論對我們深有啟發，他說：我們人類是帶著一些「背景書」（background books）來遊歷和探索這個世界的。這並不是說我們必須隨身攜帶這些書，我的意思是說我們是帶著來自自己的文化傳統、先入為主的世界觀來遊歷世界的。有趣的是，我們出遊時就已經知道我們將要發現的是什麼，因為某些「背景書」告訴我們什麼是我們應該發現的。這些「背景書」的影響是如此之大，以至於無論旅行者實際上所發現的、見到的是什麼，一切都必須借助它們才能得到解釋。[2]馬建的讀者大都相信他的故事來源於他在西藏的親身經歷，諾貝爾文學獎得主高行健甚至稱讚這部小說是一部「現代主義的好作品」。[3]實際上馬建小說中絕大部分情節不可能是他自己的親身經歷，卻與中國文化傳統中的「背景書」一脈相承。雖說馬建本人未必一定讀過那些漢人批評、醜化番僧的古文獻，但漢文化傳統中自元朝以來形成的有關西藏的「背景書」卻在很大程度上設定了他「驚世駭俗」的西藏之旅。

　　如果說對《亮出》的批判「是一場歷史的誤會」，那麼小說作者

---

2 Umberto Eco, "From Marco Polo to Leibniz: Stories of intercultural misunderstanding", A lecture presented on December 10, 1996, The Italian Academy for Advanced Studies in America.

3 高行健，《舊事重提》，http：//www.ettoday.com/2003/07/16/11086-1483586.htm.

因此而成為一位著名的「流亡作家」和「持不同政見者」或同樣「是
一場歷史的誤會」。的確正如有讀者在評論馬建後來的小說時所說的
那樣，「作者個人對時代的怨恨超越了作品」，故他總是站在現存體制
的對立面；然那部令馬建一夜之間暴得大名的作品不僅不見容於作者
今日與之對立的中國政府，而且即便是從作者今日賴以生存的西方世
界的視角來看亦應該受到嚴厲的批判。[4]馬建的思想和行為表面看來
十分反叛和另類，然他小說中對西藏風情極富異國情調的描寫和其中
顯示的漢文化優越感都與二十世紀八〇年代中國的特定語境有著不可
分割的聯繫。《亮出》可說是「深深地打上了時代的烙印」。在這篇小
說儼然成為漢族讀者認識西藏的又一「背景書」的今天，我們有必要
對這一文本產生的具體背景做些分析。對此，自薩義德（Edward
Said）《東方主義》（Orientalism）一書以來歐美學者對西方作品如何
觀察和表現非西方文化的研究值得借鑒。他們強調文學和遊記作品對
異質文化的表述遠非客觀和不加選擇的。作者不但總是有意無意地側
重於描述某些現象，而且這種描述每每與被表現之文化本身對這些現
象的解釋大異其趣。在這種選擇中起關鍵性作用的並非作者眼前的異
質文化，而是她/他們背後自身社會在特定時代的政治、文化格局，
以及作者個人在此格局中所處的地位。作者自身文化傳統中的「背景
書」對他者的偏見和具體社會政治條件所提供的背景使得新的文本被
不斷地製造出來。[5]馬建的這部小說正是這樣一個漢族文化中關於西

---

4 參見Sabine Kojima, Bilder und Zerrbilder des Fremden：Tibet in einer Erzählung Ma
　Jians（他者之形象與漫畫：馬建小說中的西藏），Bochum: Brockmeyer, 1994.

5 有關著作甚多，茲列其主要者Mary Louise Pratt, Imperial Eyes: Travel Writing and
　Transculturation, London and New York: Routledge, 1992; Sara Mills, Discourses of
　Differences: An Analysis of Woman's Travel Writing and Colonialism, London and New
　York: Routledge, 1991; Susan Morgan, Place Matters: Gendered Geography in Victorian
　Woman's Travel Books about Southeast Asia, New Jersey: Rutgers University Press, 1996.

藏和藏傳佛教的「背景書」與二十世紀八〇年代中國社會、政治條件之具體背景相結合而產生的經典文本。

二 於性〔情色〕化西藏的背後：秘密大喜樂法

《亮出》引起藏胞強烈反感和憤怒的首要原因在於小說中無處不在的性描寫。二十世紀八〇年代，中國文學中對性的禁忌遠未打破，而馬建卻異常直露地描寫了藏胞種種怪異、變態的性行為。《亮出》因此甚至被年輕讀者當作性啟蒙書來讀，其驚世駭俗自不待言。《亮出》一共講了五個故事，而每一個故事都離不開女人和性，離不開對不倫、怪誕，並最終招致毀滅的性活動的渲染。第一個故事「女人藍」的主題是十七歲藏族少女米瑪的天葬儀式。從一個漢人的口中我們得知藏族少女米瑪幼時受其繼父騷擾，後與漢人電話兵偷情，再嫁於兄弟二人為妻，終因難產而死的故事，其中不正常的性行為是這個故事的主線和賣點。第二個故事「多木拉湖的微笑」講的是一位外出讀書的學生回到海拔五千米以上的高原時找不到「逐水草而徙」的家的故事。其主旨本來是表達處於城市與草原兩種文明之間的藏族青年所面臨的兩難處境，而作者卻多次有意無意地點出這位青年與他日趨成熟的妹妹之間的難以隱藏的性張力，還帶出了仙女與山神的性愛傳說。第三個故事「光臀八齒小蟲」說的是一位極度變態的男人與其母、女之間三代亂倫、并導致其女兒淪落街頭、任人踩蹦的悲慘故事。第四個故事「金塔」講述的是一位青年工匠與其尼泊爾籍的師傅、師母間的故事，造金塔是故事之經，多角的性愛是故事之緯，其結局「金塔裏面的銅柱卻從她（師母）大腿裏深深插進了她的身體」可謂驚心動魄。第五個故事「灌頂」說的是年僅十五歲的女活佛於接受金剛杵灌頂時當眾與上師雙修，然後被置之冰河打坐，終因心性受到干擾，失

卻平日修拙火瑜伽之功力而被活活凍死的故事。整篇小說給人留下的最強烈的印象就是這裏人、神不分，而性則彌漫於西藏高原的每一寸土地。儘管「性化」包括藏胞在內的少數民族，強調其能歌善舞、熱情奔放之性格特徵，暗示少數民族婦女對兩性關係持與漢族婦女形成鮮明對比的自由和開放態度，曾是試圖從邊緣向中心突破，以撼動中華人民共和國成立幾十年來嚴酷的性禁錮的漢族作者、藝術家常用的一個手段。在二十世紀八〇年代的漢族文化人中間，彌漫著一種熱衷於表現和宣揚富有異國情調的少數民族風情的「尋根」風潮，以至於被西方文化人類學家稱為「內部的東方主義」（internal orientalism）。[6]於當時的漢文媒體中，我們時常會見到有關天葬、一妻多夫、洗澡節等藏族風俗習慣的報導。但這類報導多半是對少數民族風情的一種陽光的宣傳，表現的是他們如何自然、率性和不受「封建意識」之羈絆。它表面上為謳歌少數民族文化、頌揚民族團結，而私底下則引其為漢文化之「他者」，曲折地襯托、批判漢族生活方式之虛假、拘謹和乏味。儘管如此，像馬建這樣直露、負面地描寫少數民族的野性、變態的性活動在至當時為止的中華人民共和國文學史上大概是絕無僅有的。

　　然而，如果我們將視線放寬到一九四九年以前，則會發現在漢文文學史上如此「性化西藏」的描寫卻並不鮮見。雖然近代以前像馬建一樣親歷西藏的漢人寥寥可數，亦很少有記述西藏風情的遊記類書籍傳世，但至少自六百餘年前的元朝開始，西藏，特別是藏傳佛教，就已經被深深地打上了「性」的烙印。若要追本溯源，則當從西藏喇嘛，古稱「番僧」或「西番僧」，自西夏開始於漢地所傳的、形式上與漢傳佛教完全不同的藏傳密法說起。於明代官修的《元史》中，我們讀

6　Dru C. Gladney, "Representing nationality in China: Refiguring Majority/Minority identities", The Journal of Asian Studies 53:1 (February 1994), pp.92-123; Louisa Schein, "Gender and Internal Orientalism in China", Modern China 23:1 (1997), pp.69-98.

到了一個發生於元朝宮廷內的故事，這個故事不但將蒙古皇室和西藏喇嘛同時定格於不知廉恥的「性」位上，而且亦對以後漢人瞭解／誤解藏族僧侶和藏傳佛教產生了無可挽回的影響。這個故事是這樣的：

> 初，哈麻嘗陰進西天僧以運氣術媚帝，帝習為之，號演揲兒法。演揲兒，華言大喜樂也。哈麻之妹婿集賢學士禿魯帖木兒，故有寵於帝，與老的沙、八郎、答剌馬吉的、波迪哇兒禡等十人，俱號倚納。禿魯帖木兒性奸狡，帝愛之，言聽計從，亦薦西番僧伽璘真於帝。其僧善秘密法，謂帝曰：「陛下雖尊居萬乘，富有四海，不過保有見世而已。人生能幾何，當受此『秘密大喜樂禪定』。」帝又習之，其法亦名雙修法，曰演揲兒，曰秘密，皆房中術也。帝乃詔以西天僧為司徒，西番僧為大元國師。其徒皆取良家女，或四人、或三人奉之，謂之供養。於是，帝日從事於其法，廣取女婦，惟淫戲是樂。又選採女為十六天魔舞。八郎者，帝諸弟，與其所謂倚納者，皆在帝前，相與褻狎，甚至男女裸處。號所處室曰皆即兀該，華言事事無礙也。君臣宣淫，而群僧出入禁中，無所禁止。醜聲穢行，著聞於外，雖市井之人，亦惡聞之。[7]

事實上，元以來的漢族文人對藏傳佛教，特別是其特殊的修習方式所知甚少，迄今為止就是專門研究中國性學或藏傳密教的專家亦依然搞不清這種「秘密大喜樂法」的由來，[8]然而「秘密大喜樂法」「秘

7　《元史》卷205《姦臣傳‧哈麻》，第4582-4583頁。

8　Robert van Gulik, Sexual Life in Ancient China: A Preliminary Survey of Chinese Sex and Society from ca.1500 B.C.till 1644 A.D., Leiden: E.J.Brill, 1961；王堯，《元廷所傳西藏密法考敘》，《水晶寶鬘——藏學文史論集》，臺北：佛光文化事業，2000年，第246-267頁。

密法」「雙修法」等卻從此臭名昭著，既成了藏傳密法的代名詞，同時又與漢文語境中的「房中術」「淫戲」等劃上了等號，而傳播這種密法的番僧從此亦被賦予了妖僧形象。[9]馬建小說中「灌頂」一節描寫的「金剛杵灌頂」分明亦可被指稱為藏傳佛教所傳「雙修法」中的一種，他講的這個故事顯然進一步強化了元以來藏傳佛教在漢文化傳統中的性化形象。

　　要正本清源，還「秘密大喜樂法」以本來面目，我們有必要從瞭解藏傳佛教的基本特徵開始。當代西方人類學家將藏傳佛教文化之典型特徵形象地總結為「文明的薩蠻」（civilized shamans），意思是說藏傳佛教及其西藏社會同時擁有「文明」和「野蠻」兩種看似對立的特點。其「文明」以其對佛學義理之學術領會、研究所達到的高度為標誌，而其「野蠻」則以「活佛轉世」和其它種種變幻莫測的「神靈崇拜」和修行方式為象徵。[10]藏傳佛教於佛教之顯、密兩種傳統中均取得了舉世矚目的成就。就顯宗而言，像薩思迦班智達、宗喀巴等大師於佛學義理之探討上所取得的成就絲毫不遜色於任何一位漢傳佛學大師；然就密宗而言，西藏所傳密法基本不見於包括漢傳佛教在內的東亞其它大乘佛教傳統中。後者既造就了藏傳佛教於佛教世界中獨一無二的地位，同時亦為其遭受種種誤解打下了伏筆。

　　儘管今天的佛學研究已經達到了相當的高度，要說明顯、密兩種佛教傳統的區別卻依然不是一件很容易的事情。西夏時譯成漢文的一部短篇藏傳密法要門《光明定玄義》中有一句話這樣說：「若棄捨煩惱而修道者，是顯教道；不捨煩惱而修道者，是密教道。今修密教之

9　參見沈衛榮，《神通、妖術和賊髡：論元代文人筆下的番僧形象》，《漢學研究》，21：2，臺北，2003年，第219-247頁。

10　Geoffrey Samuel, Civilized Shamans: Buddhism in Tibetan Societies, Washington: Smithsonian Institution Press, 1995.

人，貪、嗔、癡等一切煩惱返為道者，是大善巧方便也。」[11]從中我們可以簡單地知道顯、密兩種修法的區別。顯宗將貪、嗔、癡等一切煩惱視為成佛的障礙，故其修法講究的是捨離煩惱；而密宗卻把煩惱看成是以法化人的捷徑，故其修法不是要捨離煩惱，而是要將煩惱轉為道用（lam'khyer）。行者只要能將煩惱轉為正道便成正覺，所以說密乘修法是一種「大善巧方便」。就是在這種理念之下，西藏出現了包括男女雙修在內的形形色色的密宗修法。本來顯、密二宗殊途同歸，所謂「如來設教，隨機不同，同則皆成妙藥，執則無非瘡疣，各隨所儀，不可執己非彼」。[12]然而即使在西藏，顯、密二宗之修行亦並不總是和諧共存的，崇彼抑此的現象屢見不鮮。而像「活祭」「雙修」等異乎尋常的修行方式，則更為藏傳佛教招來了許多非議，元人對「秘密大喜樂法」的反感和批判就是一個典型的例子。

　　從現存的資料來看，番僧於元代宮廷中所傳的「秘密大喜樂法」當與居藏傳佛教四大教派之一的薩思迦派所傳以「喜金剛本續」，即Hevajra Tantra，為主而衍的「道里法」有直接的關係。《元史‧釋老傳》中說：「歇白咱剌，華言大喜樂。」[13]而「歇白咱剌」顯然就是Hevajra 之元代漢語音譯。薩思迦派視《喜金剛本〔王〕續》（Kye'i rdo rje zhes bya ba rgyud kyi rgyal po，Hevajra tantrar'ja-n'ma）為其根本大續，是其所傳道果法（lam'bras）之根本所依。儘管蒙、藏關係的開拓者、曾擔任蒙古諸王闊端之上師的烏思藏喇嘛薩思迦班智達本人以重視顯宗義理、反對濫修密法著稱，但薩思迦派所傳的道果法包含有「男女雙修」等各種密修方式。從流傳至今、傳為元以來漢人修

11　〔元〕發思巴上師輯著，《大乘要道密集》，臺北：自由出版社，1962年，上冊，卷1，第26頁。

12　《大乘要道密集》，上冊，卷1，第6頁。

13　《元史》卷221《釋老傳》。

持藏傳密法之唯一秘典的《大乘要道密集》和西夏黑水城文獻中所見
到的漢譯藏傳佛教儀軌文書中可以看出，「雙修法」等藏傳密法早於
元以前的西夏就已經開始於漢人信眾中傳播。於《大乘要道密集》
中，我們至少讀到了兩部包含「雙修法」之法本，其中一本題為《依
吉祥上樂輪方便智慧雙運道玄義卷》，表明為「祐國寶塔弘覺國師沙
門慧信錄」，為西夏時所傳；而其中的另一部題為《道果延暉集》，乃
明代著名譯師莎南屹囉（bSod nams grags）譯集。[14]這兩部儀軌文書
中都有關於雙修的實修指南，還明示修此密法之功德。此外，「大喜
樂法」自西夏開始傳入這一事實亦可在其它元代的漢文文獻中得到印
證。馬祖常的《河西歌》中云：

賀蘭山下河西地，女郎十八梳高髻，

茜根染衣光如霞，卻召瞿曇作夫婿。[15]

於大蒙古國初年成書的《黑韃事略》中復記如下一則故事：

某向隨成吉思攻西夏，西夏國俗自其主以下皆敬事國師，凡有
女子，必先以薦國師而後敢適人。成吉思既滅其國，先臠國
師。國師者，比邱僧也。[16]

14 Christopher Beckwith, "A hitherto unnoticed Yüan-period collection attributed
to'Phagspa", Tibetan and Buddhist Studies commemorating the 200th Anniversary of the
Birth of Alexander Csoma de Cörös, edited by Louis Ligeti, I.Budapest: Akadémiai Kiadó,
1986, pp.9-16；陳慶英，《〈大乘要道密集〉與西夏王朝的藏傳佛教》，《賢者喜筵》
3，石家莊：河北教育出版社，2003年，第46-94頁。

15 馬祖常，《石田文集》，卷5《河西歌》。

16 王國維箋證，《蒙韃備錄、黑韃事略箋證》，北京：文殿閣書莊，1936年，第108頁。

　　因擔任西夏王室之「國師」「帝師」者，多半是來自西藏的喇嘛，這條史料間接說明與「雙修」相關的藏傳密法或早已於西夏傳開。

　　如果成吉思汗殺西夏國師的故事屬實的話，這或說明藏傳佛教從一開始傳入蒙古/漢地就遭到了誤解，西藏人被「性化」的歷史無疑要上推到元末宮廷修「秘密大喜樂法」之前。傳說於一二七五年至一二九五年間到過中國的意大利商人馬可波羅在其備受爭議的《馬可波羅遊記》中，對西藏的風俗亦留下了馬建式的記載。他說：

> 此地〔吐蕃〕之人無有娶室女為妻者，據稱女子未經破身而習與男子共寢者，毫無足重。凡行人經過者，老婦攜其室女獻之外來行人，行人取之惟意所欲，事後還女於老婦，蓋其俗不許女子共行人他適也。所以行人經過一堡一村或一其它居宅者，可見獻女二三十人，脫行人頓止於土人之家，尚有女來獻。凡與某女共寢之人，必須以一環或一小物贈之，俾其婚時可以示人，證明其已與數男子共寢。凡室女在婚前皆應為此，必須獲有此種贈物二十餘事。其得贈物最多者，證其尤為人所喜愛，將被視為最優良之女子，尤易嫁人。然一旦結婚以後，伉儷之情甚篤，遂視污及他人妻之事為大侮辱。其事足述，故為君等言之。我國青年應往其地以求室女，將必惟意所欲，而不費一錢應人之請也。[17]

　　事實上，馬可波羅最多只到過漢藏邊境的康區，並沒有真的到過西藏，他對吐蕃風情的記載不可能是他的親身經歷。不知道這是不是與他發現「獨角獸」和「約翰長老的王國」一樣，是受中世紀歐洲關

---

17 馮承鈞譯，《馬可波羅行紀》，上海：商務印書館，1936年，第443-444頁。

於東方之「背景書」的影響而幻想出來的故事，[18]還是他根據在中國道聽塗說來的故事演義而成的？興許二者兼而有之，是西方貨真價值的「東方主義」和東方的「內部的東方主義」相結合的產物。馬可波羅於中國的時間早於漢文文獻中記載的宮廷流行修「秘密大喜樂法」時的元末，可見對西藏人的「性化」早已開始。馬可波羅所說的這些莫須有的故事日後無疑成了西方瞭解西藏之「背景書」的一個組成部分，而馬建小說中「光臀八齒小蠱」一節中所說那位皮貨商吐布與故事主人公之女兒瑪瓊的結合似亦有馬可波羅所說故事的影子，中外於性化西藏這一點上可謂異曲同工。[19]

　　藏傳密法於漢地的傳播始於西夏，但最終使番僧及其所傳密教聲名狼藉的還是元廷中傳、修的「秘密大喜樂法」。成吉思汗可以殺害西夏國師，卻阻止不了其後代對國師所傳密法的熱衷。據傳「秘密大喜樂法」不僅在元宮廷內流行，而且亦行於民間。都市內從妃子到大臣妻室都有請帝師堂下喇嘛設帳授戒者，而受戒時復多有「恣其淫泆」，不惜「以身布施」者。[20]「秘密法」的壽命亦比元朝長得多，明朝大多數皇帝對其同樣有極大的興趣。明武宗建「豹房」，「延住番僧，日與親處」，還糜費資財，演出了一場派太監往烏斯藏迎請「活佛」的鬧劇。他於「豹房」中之作為與元末宮廷中的「秘密大喜樂

18　參見Eco上揭文。

19　於今天的網路上我們依然可以見到以下文字：「地道的羌族和藏族在男女這方面是沒有什麼禁忌的，喜歡誰不像漢族這樣要掩飾。原來聽民族學院的羌族朋友私下講，他們老家的待客習慣是貴客來了讓妹妹或老婆晚上去陪睡。藏族的習慣更不用說了，馬建寫的《亮出你的舌苔或空空蕩蕩》裏面有些描述，結果引起了那些漢化了的藏族人士的不滿，怕影響民族關係，那書還被列為禁書。原來一位同學去西藏玩，去參觀拉薩地毯廠看見一位藏族姑娘長得漂亮，就和別人開了些玩笑，不外乎是習慣地在語言上吃點豆腐。哪知那姑娘看上了那位同學，當晚就找到住地要和那同學私奔。弄得那同學差點沒法回家向老婆交待。」

20　〔元〕葉子奇，《草木子》，北京：中華書局，1988年，第84頁。

法」極為類似。不僅如此，明代民間也有修「秘密法」者，明人筆記
《留青日劄》中記載說：

> 有淫婦潑妻又拜僧道為師為父，自稱曰弟子，晝夜奸宿淫樂。
> 其丈夫子孫亦有奉佛入夥，不以為恥。大家婦女雖不出家，而
> 持齋把素，袖藏念珠，口誦佛號，裝供神像，儼然寺院。婦人
> 無子，誘云某僧能幹，可度一佛種。如磨臍過氣之法，即元之
> 所謂大布施，以身布施之流也。可勝誅邪！亦有引誘少年師
> 尼，與丈夫淫樂者，誠所謂歡喜佛矣。[21]

《萬曆野獲編》中亦有記載說：

> 予見內庭有歡喜佛，云自外國進者，又有云故元所遺者。兩佛
> 各瓔珞嚴妝，互相抱持，兩根湊合，有機可動，凡見數處。大
> 璫云：每帝王大婚時，必先導入此殿，禮拜畢，令撫揣隱處，
> 默會交接之法，然後行合卺，蓋慮睿稟之純樸也。今外間市骨
> 董人，亦間有之，製作精巧，非中土所辦，價亦不貲，但比內
> 廷殊小耳。京師敕建諸寺，亦有自內賜出此佛者，僧多不肯輕
> 示人。此外有琢玉者，多舊制。有繡織者，新舊俱有之。閩人
> 以象牙雕成，紅潤如生，幾遍天下。[22]

從上述故事中可以看出，漢人中喜好「秘密大喜樂法」者代不乏
人。然而，這種藏傳密法顯然從未被漢族文人置於藏傳佛教的語境中

---

21 〔明〕田藝蘅，《留青日劄》，上海：上海古籍出版社，1985年，中，卷27《念佛
   婆》，第884-885頁。
22 〔明〕沈德符，《萬曆野獲編》，北京：中華書局，1959年，卷26《春畫》，第659頁。

來解讀，而總是在漢文化的語境中受到歪曲。元順帝對「秘密大喜樂法」的熱衷被認為是元朝失國的重要原因，而傳播這種密法的番僧則被視為禍國殃民的妖僧。於元末明初成書、專述元朝末代皇帝順帝庚申君如何荒淫失國史實的《庚申外史》中，元朝遺老權衡曾這樣說過：

> 〔順帝〕始曾留意政事，終無卓越之志。自惑溺於倚納、大喜樂事，耽嗜酒色，盡變前所為。又好聽讒佞，輕殺大臣，致使帝舅之尊，帝弟之親，男女揉雜，何殊聚麀。其後忌祁後諫己，強其子使學佛法。文公有云：中國一變為夷狄，夷狄一變為禽獸。堂堂人主，為禽獸行。人紀滅亡，天下失矣。[23]

　　權衡的說法本來只是一家之言，元朝迅速滅亡的原因絕不只是元順帝沉溺於「秘密大喜樂法」中不能自拔。然當時的漢族士人無疑非常樂意接受這樣的一種解釋。蒙古對南宋的征服，使「中國一變為夷狄」，一度曾使重氣節的漢族士人痛心疾首。[24]然更讓他們傷心的是，儘管他們處心積慮地說服自己蒙古人是真命天子，接受並試圖改變外來征服王朝的統治。可是，其於馬上得了蒙古主子卻並沒有脫胎換骨，變成他們理想中的文武聖王。他們對漢族士人竭力灌輸的帝王之道一知半解，然對番僧所傳密法卻心領神會情有獨鍾。元廷將番僧捧為帝師，死後可以像孔老夫子一樣世享廟祭。番僧仰仗皇帝的寵愛，

23　〔元〕權衡，《庚申外史》，上海：商務印書館，1936年，第38頁。他的這一看法多為後人承繼，例如明朝就有人說：「考秘密法，即胡元演揲兒法也。元順帝以此寵信淫禿，致亂天下。至是番僧循用其教，以惑聖主。」《萬曆野獲編》，補遺卷4《剌巴堅參》，第916頁。

24　參見陳得芝，《從「遺民詩」看元初江南知識分子的民族氣節》，《元史及北方民族史研究集刊》6，南京：南京大學歷史系元史室，1982年；收入陳得芝，《蒙元史研究叢稿》，北京：人民出版社，2005年，第374-394頁。

專橫跋扈，窮驕極淫。官至江南釋教總統的番僧楊璉真伽竟然發南宋皇室之陵寢，棄帝後之骨骸於草莽間，還截皇帝之頭蓋為飲器。凡此種種，無疑極大地傷害了漢族士人的自尊。[25]變「夷狄」為「中國」之努力的失敗帶來的沮喪轉化為對將「夷狄一變為禽獸」的番僧、番教的痛恨，於是便將令元朝失國的一盆髒水潑到了幾個番僧的頭上。在這樣的背景之下，他們當然不會對「秘密大喜樂法」背後之宗教意義感興趣，而寧願相信它就是與中國歷代宮廷中屢見不鮮的「淫戲」相彷彿的妖法。於中國歷史上，從商紂王到隋煬帝，王朝的滅亡多半被歸咎於帝王的荒淫無度，而番僧教唆下的蒙古皇帝顯然又為這種古已有之的老生常談添加了前所未有的新作料。

元人對番僧所傳「秘密大喜樂法」的批判留下的影響深遠的後果之一就是對西藏佛教的「性化」。這種傾向多見於元以來的漢文文獻中，而相傳出自明代著名江南才子唐寅之手的色情小說《僧尼孽海》大概是其中最典型、最不堪的一種。《僧尼孽海》中有一回名「西天僧、西番僧」，乃根據《元史》《庚申外史》中有關元順帝宮中修「秘密大喜樂法」的故事添油加醋而成，其中還特別將楊璉真伽塑造成了一個不知饜足的淫棍。顯而易見，這樣的描寫反映出的依然是明代江南士人對曾發南宋皇室陵寢之番僧的切齒痛恨。對番僧的「性化」於當時的文化語境中不過是對其醜化的一種極端的手段。具有諷刺意味的是，這個故事中所列舉「秘密法」的各種具體修法，即龍飛、虎行、猿搏、蟬附、龜騰、鳳翔、兔吮、魚游、龍交等號為「採補抽添」之九勢者，[26]實際上與藏傳密法之修行風馬牛不相及，它們直接來自漢文房中經典《素女經》。這既說明明代漢族士人對來自西番的

---

25 沈衛榮上揭文《神通、妖術和賊髡：論元代文人筆下的番僧形象》。
26 〔明〕唐寅，《僧尼孽海》，《中國古豔稀品叢刊》5，臺北，1987年。

「秘密教」或「秘密法」實際上一無所知，而且亦正好印證了 Eco 先生所說的異文化的東西必須借助自己文化中的「背景書」才能得到解釋的說法。從馬建在小說中對「灌頂」如此細緻、跌宕的描寫來看，他對「雙修法」的瞭解顯然遠甚於唐伯虎。作者在此故意製造了時間的倒錯，讀來讓人感到他似乎親見了這場雙修的全過程。事實上，於二十世紀八〇年代，馬建絕不可能親歷這場灌頂儀軌，他所說的這個故事只能來自於他的「背景書」中。

三　政治化藏傳佛教的背後：空空蕩蕩

《亮出》這篇小說至今讓人記憶猶新、且繼續吸引更多新讀者的原因之一是它那個極端怪異的標題。它或可令讀者隨意遐想，但更令人瞠目結舌。如今「亮出你的舌苔或空空蕩蕩」也已成為當代漢語中的一個特殊詞彙，常被前衛寫家用來表達某種似有還無的感覺。饒有興味的是，這個匪夷所思的標題的形成據說本來不過是小說編輯開的一個玩笑。作者本意是讓編輯在「亮出你的舌苔」和「空空蕩蕩」兩個短語之間選擇一個作為小說的標題，而編輯卻別出心裁地把二者放在了一起，引出了預想不到的效果。如果我們把這句話放在今天西方後現代的語境中來解讀的話，我們或可以從中讀出非常積極的意味來。大家知道藏族同胞互相致意、或問候其敬重的喇嘛時有伸出舌頭的習慣，故「亮出你的舌苔」表示的是友善和尊敬；而「空空蕩蕩」當不難與大乘佛法之精義「空」這個概念搭上關係，西方人多將「觀空」（meditation on emptiness）視為藏傳佛教的典型性特徵之一。所以「亮出你的舌苔或空空蕩蕩」或可代表藏族同胞的兩大美德：善良和智慧。然而，這句話在作者自己的解釋中卻完全是另外一種意味。小說發表之後多年，作者曾在一次訪談中說過這樣的一段話：「我在

西藏這個佛國也看到了宗教也是專制，也和共產黨一樣去消滅個人，也讓人全心全意為神服務，其實是養著那些神代表，所以我寫了《亮出你的舌苔或空空蕩蕩》，就是那種被張嘴看病，然後空空蕩蕩的茫然若失。」原來這個令人費解的句子暗喻的是在藏傳佛教之宗教專制統治之下，受「那些神代表」欺騙而失去了精神自由的藏族同胞的愚昧和麻木。馬建對藏傳佛教的這種批判或當是他一貫的反專制立場的自然延伸，但他的這種批判方式卻不但與二十世紀七八〇年代以前西方人對西藏「神權政治」（Theocracy）的批判同出一轍，而且亦與當時，特別是二十世紀五六十年代在極左思潮影響下的中國大眾傳媒中對藏傳佛教的批判和醜化異曲同工。進一步來說，《亮出》繼承和發展了漢文化傳統中將藏傳佛教政治化，並以此來削弱、否定其宗教和文化意義的傳統做法。

　　將藏傳佛教政治化幾乎與其於漢地的傳播同時開始。儘管到藏傳佛教傳入漢地時的元朝，佛教在漢地傳播的歷史已有上千年之久，佛教文化已成為漢族文化傳統中的一個不可分割的組成部分。但它從來沒有被深受其薰陶的漢族士人當作一種可以用來治國平天下的正統意識形態來接受。元末文人陶宗儀曾於其筆記《南村輟耕錄》中記載了這樣一個故事：

今上皇太子〔元朝末代皇太子愛猷識理達臘——引者〕之正位東宮也，設諭德，置端本堂，以處太子講讀。忽一日，帝師來啟太子、母后曰：「向者太子學佛法，頓覺開悟，今乃受孔子之教，恐損太子真性。」后曰：「我雖居於深宮，不知道德，嘗聞自古及今，治天下者，須用孔子之道，捨此他求，即為異端。佛法雖好，乃餘事耳！不可以治天下，安可使太子不讀

書？」帝師赧服而退。[27]

　　這段話雖然借自謙「居於深宮，不知道德」的蒙古皇后之口說出，但分明典型、生動地代表了漢文化傳統中對佛教的一貫態度。藏傳佛教受到漢族士人如此激烈的排斥和批判的一個重要原因亦正是因為它太得歷代君王之喜愛，而這恰恰背離了君王要用孔孟之道來治國、平天下的政治理想。

　　中國歷史上自西夏以來的歷代君王，無論來自哪個民族，常常對藏傳佛教以及傳播這種宗教的番僧有著特殊的愛好。即使後人樂於將「大喜樂法」視為導致大蒙古帝國滅亡的禍根，但明、清兩代的皇帝們對藏傳佛教的信仰較之其先朝的皇帝卻有過之而無不及。這本身表明藏傳佛教作為一種有別於漢傳佛教的大乘佛教傳統所具有的獨特的魅力和宗教、文化價值。可是，漢族士人卻不願意接受其主子偏離古代聖王文武之道，偏愛藏傳佛教這一外來宗教的事實，故處心積慮地要將君主的個人愛好解釋為治國之權術和方略，將一種明顯的宗教行為政治化。按理說，元世祖忽必烈統治初年，藏傳佛教於漢地的傳播才剛剛開始，番僧、番教的惡劣影響尚未暴露，可當時就已經有著名學者歐陽玄為其推崇番僧之政策作辯護了。他說：「世祖自徽氏羌歸，乃表異釋氏，隆其師資，至於宮室服御，副於乘輿，蓋有以察其風俗之宜，因以為制遠之術焉，顧世之人不足以喻此也。」[28]而明初修《元史》之史官對元初世祖的西藏政策亦作了幾乎相同的總結，說：「元起朔方，固已崇尚佛教。及得西域，世祖以其地廣而險遠，民獷而好鬥，思有以因其俗而柔其人，乃郡縣土番之地，設官分職，

---

27 〔元〕陶宗儀，《南村輟耕錄》，北京：中華書局，1997年，卷2，第21頁。
28 歐陽玄，《妙光寺記》，《寰宇通志》卷113，南京：中央圖書館1947年影印明初刻本。

而領之於帝師。」[29]這種解釋事實上並沒有多少說服力，元末文人葉
子奇曾對蒙古君王及其王室對番僧之推崇做過如此的描述：

> 於是尊其爵，至於一人之下、萬人之上；豐其養，至於東南數
> 十郡之財不足以資之；隆其禮，至於王公妃主皆拜伏如奴隸。
> 甚而為授記，藉地以發，摩頂以足，代馬凳子以脊，極其卑
> 賤。[30]

政治利用說顯然不足以解釋何以不可一世的蒙古君王會在番僧面
前做出如此有失君臣之道的事情。至於君臣、弟親於宮中同修「秘密
大喜樂法」則更是與政治利用無關。

將蒙古君王優禮番僧、沉溺於藏傳佛教修行之事實予以政治意
義，當是漢族士人為其主子之弊政所找的一種開脫，但這種說法卻成
了以後歷代帝王用以抵擋言官批評的最好武器。明人對這種政治利用
說的強調顯然遠甚於前朝，於明代士人眼裏，蒙古皇帝本來就是夷
狄，他們信奉番教或可予以其它民族、文化上的解釋，或者乾脆不顧
事實地說「元起朔方，固已崇尚佛教」。而明朝是一個復歸漢族統治
的時代，既然漢、藏夏夷之間隔著一條難以逾越的文化鴻溝，明朝皇
帝當沒有理由對藏傳佛教這樣「邪妄不經」的東西感興趣。[31]偏偏他
們對番僧、番教的熱情毫不亞於起自朔漠的蒙古皇帝。因此，明人同
樣必須為其主子的異常行為作出一種合乎情理的解釋。而「政治利用

---

29 《元史》卷202《釋老傳》，第4520-4521頁。

30 葉子奇，《草木子》卷4下，《雜俎篇》，第83-84頁。

31 這種態度我們亦可以從清代來中國的朝鮮士人樸趾源的評論中看得一清二楚，他
說：「〔元〕世祖起自沙漠，無足怪者。皇明之初，首訪夷僧，分師諸子，廣招西番
尊禮之，自不覺卑中國而貶至尊，醜先聖而抑真師。」樸趾源，《熱河日記》，上
海：上海書店出版社，1997年，第183頁。

說」無疑是其中最便宜、有效的一種。明代文獻中多有將優禮番僧和「懷柔遠夷」政策連在一起的說法，其中最典型、最生動者莫過於陸容於其《菽園雜記》中所說的一段話：

> 胡僧有名法王，若國師者，朝廷優禮，供給甚盛。言官每及之。蓋西番之俗，一有叛亂仇殺，一時未能遙制，彼以其法戒諭之，則磨金鈲劍，頂經說誓，守信惟謹。蓋以馭夷之機在此，故供給雖云過侈，然不煩兵甲、芻糧之費，而陰屈群醜，所得多矣！新進多不知此，而朝廷又不欲明言其事，故言輒不報。此蓋先朝制馭遠夷之術耳，非果神之也。[32]

　　這種政治利用說漸漸演變成為一種強有力的話語（discourse），以至於連英武睿智的大清乾隆皇帝（1736-1795年在位，藏文名字作lHa skyong gong ma，或者 gNam skyong rgyal po，意為「天祐皇帝」）亦不但難以擺脫這種「話語」對其個人行為的束縛，而且還積極地參與對這種「話語」的建設。號稱「十全老人」的乾隆皇帝曾是一位著名的藏傳佛教信徒，[33]在他統治時期，不但北京的喇嘛廟空前繁榮，而且還在熱河行宮附近建造了號稱「小布達拉宮」的「外八廟」等許多藏傳佛教寺廟。他對章嘉活佛和班禪喇嘛之寵信和優禮常讓人想起元代的忽必烈汗和八思巴喇嘛；乾隆不但自己精通藏文，常常披覽藏文佛經，而且還組織章嘉活佛等上師將漢/藏文佛典翻譯成藏/漢、滿、蒙古等多種文字。藏傳佛教徒視乾隆皇帝為轉輪聖王、文殊菩薩和忽必烈汗的轉世。乾隆個人對藏傳佛教的信仰和支持，顯

32　〔明〕陸容，《菽園雜記》，北京：中華書局，1997年，卷4，第42頁。

33　參見王家鵬，《乾隆與滿族喇嘛寺院——兼論滿族宗教信仰的演變》，《故宮博物院院刊》1，北京，1995年，第58-65頁。

然有助於維繫西藏、蒙古之民心，擴大和加強清朝對這兩個地方的影響和統治。[34]但是，乾隆皇帝晚年卻寫下了著名的《喇嘛說》，否認他對藏傳佛教的信仰，強調他與西番黃教完全是出於更有利、有效地統治西藏、蒙古這一政治目的。他說：

> 蓋中外黃教總司以此二人（指達賴和班禪——引者），各部蒙古一心歸之，興黃教即所以安眾蒙古，所繫非小，故不可不保護之，而非若元朝之曲庇諂敬番僧也。——若我朝之興黃教則大不然，蓋以蒙古奉佛，最信喇嘛，不可不保護之，以為懷柔之道而已。

他還內行地批評了藏傳佛教之信仰和實踐，從世俗政治的角度抨擊了西藏的活佛轉世制度。他說：「蓋佛本無生，豈有轉世。但使今無轉世之呼土克圖，則數萬番僧無所皈依，不得不如此耳。」

鑒於當時蒙藏地區「大喇嘛、呼必勒罕，皆出一家親族，幾與封爵世職無異」這樣的情況，乾隆皇帝以為「佛豈有私，故不可不禁，茲予制一金瓶，送往西藏，於凡轉世之呼必勒罕，眾所舉數人，各書其名置瓶中，掣籤以定，雖不能盡去其弊，較之從前一人之授意者或略公矣。」

更為有趣的是，乾隆在這篇學究式的短文中一再為其習番經、興黃教一事開脫，強調：

---

34 參見Ishihama Yumiko（石濱裕美子），"The image of Ch'ien-lung's kingship as seen from the world of Tibetan Buddhism", Acta Asiatica: Bulletin of the institute of East culture, 88 (Ming-Ch'ing history see from East Asia), Tokyo: The TōhōGakkai, 2005, pp.49-64.

夫定其事之是非者，必習其事而又明其理然後可。予若不習番
經不能為此言。始習之時，或有議為過興黃教者，使予徒泥沙
汰之虛譽，則今之新舊蒙古畏威懷德，太平數十年可得
乎？——若我朝雖護衛黃教，正合於王制，所謂修其教不易其
俗，齊其政不易其宜，而惑眾亂法者，仍以王法治之，與內地
齊民無異。試問自派克巴創教以來，歷元明至今五百年，幾見
有將大喇嘛剝黃正法及治罪者。天下後世，豈能以予過興黃教
為譏議乎！[35]

　　乾隆皇帝既是一個藏傳佛教的狂熱信徒，又如此毫不留情地批評
藏傳佛教，他的這種兩面的態度使得專門研究清代滿、漢、蒙、藏關
係的專家都感到相當的困惑，質疑他於耗幹了清代所有力量的廓爾喀
戰役之後寫成的這篇《喇嘛說》是否能代表他整個統治時期對藏傳佛
教的態度。石濱裕美子先生正確地指出，認為清朝只是利用了佛教以
擴大其對西藏和蒙古的統治的觀點有失偏頗，「在藏傳佛教世界的邏
輯中，乾隆皇帝不可能行若一位漢人皇帝，或者滿人皇帝，他只被允
許行若支持佛法，並再返輪迴、救苦救難的文殊菩薩（或者是他的化
身轉輪王忽必烈汗）。只有不僅從以漢族為中心的世界邏輯中，而且
亦從藏傳佛教世界〔的邏輯〕中來看待清與西藏和蒙古的關係，才可

---

35 碑文拓本見於北京圖書館金石組編，《北京圖書館藏中國歷代石刻拓本彙編》，鄭
　州：中州古籍出版社，1990年，清，第76冊，第37頁。乾隆皇帝於其《喇嘛說》中
　的論調，似亦已為當代學者當作清代西藏政策的基調而全盤接受，這實在是誤解了
　乾隆的一番苦心。參見Sabina Dabringhaus, "Chinese Emperors and Tibetan Monks:
　Religion as an Instrument of Rule", China and Her Neighbours, Borders, Visions of the
　Other, Foreign Policy 10th to 19th Century, Edited by Sabine Dabringhaus and Roderich
　Ptak with the assistance of Richard Teschke，Wiesbaden: Harrassowitz Verlag, 1997,
　pp.119-134.

能接近於這種關係的真正面目。」[36]我們完全可以沿著石濱女士的思路來解釋乾隆皇帝發表《喇嘛說》這樣有悖其一貫作為的做法。乾隆作為統治一個多民族大帝國的大清皇帝，同時擁有多種不同的身份。對於西藏和蒙古人來說，他是文殊菩薩；而對於漢人來說，他是一位文武聖王。正如 Pamela Crossley 所說的那樣，乾隆的野心是成為一位統治世界的「宇宙之王」。與元朝皇帝不同的是，清朝皇帝不滿足於對邊疆少數民族之領土征服，而且試圖對他們進行文化上的整合。乾隆皇帝以博學多才著稱，他學習包括西藏語在內的各種民族文字的主要動機就在於要努力成為各個不同民族的文化英雄。[37]但正因為如此，乾隆這位「宇宙之王」亦不能為所欲為，他必須認真地扮演好各種不同角色。不但每個角色都對其言行有特殊的期望、規定，乃至束縛；而且這些規定之間往往有互相矛盾、衝突之處。乾隆對藏傳佛教時而推崇備至，時而嚴厲批判的態度當與其個人信仰無關，而是隨機應變，以迎合不同角色對他的不同要求。文武聖王這一角色不允許他對與孔孟之道大異其趣的番教顯出過分的熱情，[38]故他對番僧的禮遇只能是出於「懷柔遠夷」的政治目的。要抵擋他人對其推崇藏傳佛教的批評，最有效的辦法就是將其個人的宗教行為政治化。貴為「宇宙之王」的乾隆為了迎合其角色對其行為的設定，亦必須為其個人行為辯護。由此可見，這種「話語」的力量之大。

　　儘管乾隆皇帝信仰藏傳佛教並不見得是以政治利用為目的的，但

---

36 Ishihama, "The image of Ch'ien-lung's kingship as seen from the world of Tibetan Buddhism", pp.49, 62.

37 Pamela Kyle Crossley, A Translucent Mirror: History and Identity in Qing Imperial Ideology, Berkeley: University of California Press, 2001.

38 研究清史的學者認為，乾隆文化政策之核心部分還是尊孔重儒的漢文化傳統，參見陳捷先，《略論乾隆朝的文化政策》，《乾隆皇帝的文化大業》，臺北：「國立」故宮博物院，2002年，第217-229頁。

他於「政治利用說」這一話語影響下所寫的《喇嘛說》卻實實在在地
削弱、甚至否定了他所篤信的藏傳佛教的宗教和文化意義。清代滿、
漢儒臣的著述中對西藏喇嘛和藏傳佛教表現出的貶損多於褒揚的態
度，當與這種「話語」的影響有直接的關聯。同樣的悖論亦見於康熙
帝第十七子果親王允禮。允禮曾是一位虔誠的藏傳佛教信徒，他不但
曾拜師修行和收藏了大量的藏傳佛教典籍，而且還能自撰修法要門等
藏傳佛教著作。[39]但是，在他的漢文作品中我們看到的卻完全是另一
種西藏形象。其著名的詠藏詩中有一首著名的題為《七筆勾》的打油
詩，在此作者完全站在漢族士人的立場上，以儒家文化為尺度，無情
地將西藏和藏傳佛教文化一筆筆地勾去。據說馬建本人亦曾是一位拜
過師的佛教居士，然而出於對西藏「神權政治」的厭惡，他在小說中
賤賣了他有關藏傳佛教的知識，用世俗、現代的眼光描述了發生於過
去的宗教行為（灌頂），令讀者完全看不到藏傳佛教的宗教和文化意
義，留下的只有「亮出你的舌苔或空空蕩蕩」了。

四　喇嘛教與巫化藏傳佛教

如果說《亮出》的題目已經讓人莫測高深，那麼小說中的西藏更
是給讀者以強烈的神秘感。其對西藏宗教的描述聽來尤其匪夷所思：
仙女要和山神約會、交媾；喇嘛喝了酒將死人宰割以送其靈魂昇天；
「老得快站不住的」紮西巴老爹卻曾「通曉各種呼風降雹威猛真言
法」，年輕時用一個惡咒就可以把仇人的眼睛弄瞎；金塔的秘密機關
竟使「金塔裏面的銅柱卻從她〔企圖盜取金頂者〕大腿裏深深插進了

---

39 Vladimir L.Uspensky, Prince Yunli (1697-1738): Manchu Statesman and Tibetan Buddhist,
　Tokyo: Institute for the Study of Languages and Cultures of Asia and Africa, 1997.

她的身體」；還有男喇嘛轉生為女活佛，女活佛雖因懷春而前功盡棄，但她所修的瑜伽功本可以具他心通、將人身的病魔轉移到狗的身上、還可在冰河上待三天而毫髮無損的；而所謂「金剛杵灌頂」就是男上師和女弟子當眾雙修。諸如此類的故事，實難令讀者將藏傳佛教與他們傳統觀念中的佛教掛上一絲的聯繫。事實上，對於直至二十世紀八〇年代的漢族讀者而言，「藏傳佛教」或「西藏佛教」這樣的稱呼本來就是一個很陌生的名詞，人們更習慣於將在西藏流行的宗教稱為「喇嘛教」。頗具諷刺意義的是，於《亮出》發表前不久，曾有人就「喇嘛教」一名是否應當改為「藏傳佛教」或「西藏佛教」而展開了激烈的爭論，反對改名者認為「喇嘛教」這個名稱：

> 於內地流傳已近千年，人們都知道是佛教一個宗派——「喇嘛」既是上等和尚之意，則漢人稱「喇嘛教」，乃十分尊崇之意，是非常好的名稱。漢人把西藏來的和尚，概稱「喇嘛」，猶如對西人概稱「先生」一樣，都是尊稱。——至於以「高等和尚」以名教，又有何不可？[40]

然而問題的關鍵是，「近千年」來漢族文化的語境中的「喇嘛教」實在並不是一個「非常好的名稱」。雖然《亮出》中沒有出現「喇嘛教」這個名稱，但小說對西藏宗教的描述顯然不能給人以「十分尊崇之意」。事實上，「喇嘛教」這個名稱於漢文化傳統中蘊含著豐富、負面的涵義。

晚近，美國學者 Donald Lopez Jr.於其對理解東方主義於東、西文化交流中的消極影響有普遍指導意義的力作《香格里拉的囚徒：西藏

---

40 尚風，《「喇嘛教」之名何須改？》，《西藏研究》1986年第1期，第105頁。

佛教與西方》一書中，專章討論了英語中 Lamaism 一詞的淵源及其
涵義。他指出正是由於西方人長期以來將藏傳佛教看成是離正統原始
佛教最遠、最墮落的一種形式，所以才有 Lamaism 這樣一個帶有貶
損意義的稱號應運而生。然而，為藏傳佛教冠以「喇嘛教」惡名的始
作俑者，卻並不是西方人。乾隆時代的官方文獻，即《清實錄》乾隆
四十年五月癸酉（1775年6月24日）條下載乾隆給軍機大臣下的一條
諭中最早出現了「喇嘛教」一詞，它抑或即是英文 Lamaism 的最初
來源之一。[41]其實「喇嘛教」這一名稱早於此前兩百多年的明代文獻
中就已經出現，筆者迄今所見最早出現「喇嘛教」一詞的漢文文獻是
明代萬曆元年（1573）四月八日建極殿大學士張居正撰寫的《番經廠
碑》。此碑起始云：「番經來自烏思藏，即今喇嘛教，達摩目為旁支曲
竇者也。」[42]平心而論，張居正的這句話本身並沒有要將喇嘛教貶損
為「旁門左道」的意思，說喇嘛教是被漢人推為禪宗佛教祖師的菩提
達摩「目為旁支曲竇者」，無非是說它是正統佛教的「旁支」，與漢地
所傳的禪宗佛教不同。身為首輔的張居正為專門刻印藏文佛經的番經
廠書寫碑文，代表的是朝廷、官方對藏傳佛教予以支持的立場。張居
正在碑文中還特別強調了漢、藏佛教的同一性，說：「雖貝文、梵字
不與華同，而其意在戒貪惡殺、宏忍廣濟，則所謂海潮一音，醍醐同
味者也。」[43]然而，「喇嘛教」一詞日後於漢文語境中的涵義很快遠遠
超出了張居正的本意而代表了漢人對藏傳佛教的另一種具有典型意義
的誤解，即普遍地將它當作一種神秘莫測、法力無邊的巫術。前述西
方人類學家曾形象地將藏傳佛教的典型特徵總結為「文明的薩蠻」，

41　Donald S.Lopez Jr., *Prisoners of Shangri-la: Tibetan Buddhism and the West*, Chicago and
　　London: The University of Chicago Press, 1998, pp.19-20, 216, note 14.

42　碑文今見於《欽定日下舊聞考》，臺北：廣文書局，1968年，卷6，第8a-8b頁。

43　同上注。

而於漢文化傳統中，「喇嘛教」每每與「薩蠻」同義，而其「文明」的成分則經常被有意無意地忽略甚至否定掉了。神秘化、或者說巫化藏傳佛教的傾向早於「喇嘛教」這個名稱的出現，但後者的出現及其被廣泛使用表明藏傳佛教於漢文化傳統中是被當作一種方伎、巫術而與漢傳佛教區別對待的。

如果我們稍稍回顧一下漢、藏佛教交流史，則不難發現它們之間有著不可分割的聯繫。漢傳佛教曾是藏傳佛教形成的兩大源流之一，自文成公主入藏開始，漢傳佛教，特別是禪宗佛教曾傳入吐蕃，並深得吐蕃僧眾之喜愛。雖然後弘期藏族史家對發生於八世紀末的「吐蕃僧諍」及其和尚摩訶衍之教法的重構使漢地禪宗佛教於西藏受到排擠，印度佛教漸漸成為藏傳佛教的主流，[44]但於西藏之寧瑪派和噶舉派所傳教法中依然可以看到漢傳佛教的影子。漢藏佛教之間的交流亦曾在吐蕃佔領下的敦煌地區展開，像法成這樣優秀的吐蕃譯師不但彌補了漢譯佛經中的不少空缺，而且亦將漢譯佛經的水準推上了一個新的臺階。朗達磨滅佛後，漢藏佛學間的交流停止了一段時間，但很快又在黨項族於中國西北建立的西夏王國（1032-1227）中得到繼續。於西夏黑水城發現的漢文文獻中，我們見到了大量漢譯藏傳佛教儀軌文書。西藏不再從漢地接受，轉而向漢地輸出其特殊的佛教文化。而元朝無疑是漢藏佛教文化交流史上的一個黃金時代，當時西藏喇嘛成了「領天下釋教」的帝師，雖然出現過像楊璉真伽這樣招人痛恨的「江南釋教總統」，但他們所傳播的密法亦為漢地佛教注入了新的養分。史稱元代「西域異書種種而出，帝師、國師譯新採舊，增廣其文」。[45]今日流傳的漢文《大藏經》中留下了不少元代西藏著名譯師沙

---

44 參見沈衛榮，《西藏文文獻中的和尚摩訶衍及其教法——一個創造出來的傳統》，《新史學》16：1，臺北，2005年，第123-172頁。

45 趙璧，《大藏新增至元法寶記》，《天下同文集》卷8。

囉巴等從西藏文轉譯的重要經典。元朝廷於組織漢、藏兩地高僧對勘漢、藏佛經之後編成的《至元法寶勘同總錄》見證了漢、藏佛教之間有益的交流。[46]從元以來為漢族弟子修習西藏密法的唯一法本《大乘要道密集》中可以看出，藏傳佛教中的兩大教法系統，即薩思迦派的「道果法」和噶舉派的「大手印法」已經傳入，藏傳密教的瑜伽修習法開始在漢地流行。[47]明代皇帝中大部分對藏傳佛教的崇信甚至超過了蒙古帝王，他們對藏傳佛教的支持，如刊刻西藏文《大藏經》等，對於藏傳佛教於西藏、漢地以及蒙古地區的發展起了巨大的作用。[48]可是，當越來越多的西藏喇嘛在朝廷的招徠下來到漢地，藏傳佛教於朝野廣泛流行，藏族文化漸漸成為漢文化中一種特別耀眼的外來成分的時候，漢族士人開始以文明俯視野蠻的姿態，對番僧和番教進行文化的批判，其激烈程度絲毫不亞於元代士人對曾挖毀南宋皇陵，並阻礙其對蒙古征服者進行文化反征服的番僧的批判。

　　明人批評藏傳佛教的一個中心點就是要將它從佛教的神壇上拉下來，其慣用的伎倆就是盡力將其貶損為一種巫術。有人直說「西番本夷狄之教，邪妄不經。故先聖王之世未聞有此」。[49]有人竟將番教徑稱

46 Herbert Franke, Chinesischer und tibetischer Buddhismus im China der Yüanzeit.Drei Studien: I.Tan-pa und sein chinesischer Tempel; II.Der Kanonkatalog der Chih-yüan-Zeit und seine Kompilatoren; III.Eine buddhistische Quelleüber Kaiser Qubilai: Das Hung-chiao chi, München: Kommission für Zentralasiatische Studien Bayerische Akademie der Wissenschaften, 1996；黃明信，《漢藏大藏經目錄異同研究——〈至元法寶勘同總錄〉及其藏譯本箋證》，北京：中國藏學出版社，2003年。

47 參見陳慶英，《〈大乘要道密集〉與西夏王朝的藏傳佛教》，《賢者新宴》3，石家莊：河北教育出版社，2003年，第49-64頁。

48 參見Jonathan A.Silk, "Notes on the history of the Yongle Kanjur," Suhr-llekh□h: Festgabe für Helmut Eimer, hrsg.Von Michael Hahn, Jens-Uwe Hartmann und Roland Steiner, Swisttal-Odendorf: Indica-et-Tibetica-Verl., 1996, pp.153-200.

49 《明實錄》五一，《孝宗實錄》卷2，葉10（第27-28頁）；類似的說法亦見於《明實錄》四一，《憲宗實錄》卷58，葉9（第1187頁）。

為「鬼教」，[50]指責番僧以「異端外教蠱惑人心，污染中華」。還說「凡西僧所為皆術，若以心性則無幻。」[51]有人還曾這樣批評大元帝師八思巴，說他「心印不如達摩，神足不如圖澄，開敏不如羅什，記憶不如一行，不過小持法咒唄而已」。[52]而一般的「番僧皆淫穢之人，不通經典」，[53]所謂「以胡醜而竊佛子之號，錦衣玉食，後擁前呵。斲枯髏以為法碗，行淨至宮；穿朽骨而作念珠，登壇授戒；遂使術誤金丹，氣傷龍脈。一時寢廟不寧，旬日宮車晏駕，百官痛心，萬姓切齒，雖擢髮莫數其罪，粉身猶有餘辜」。[54]凡此種種，與將藏傳佛教貶為蠱惑聖主的「秘密大喜樂法」一樣，強烈地表現出了明代士人要將藏傳佛教驅逐出正統佛教殿堂的決心。在這種政治、文化背景之下，「喇嘛教」這一名稱可以說從一開始出現就偏離了張居正所撰《番經廠碑》中的原意，成了方伎、巫術的代名詞。

藏傳佛教被誤解為方伎、巫術當與藏傳佛教密宗本身的神秘性有關。自它傳入內地開始，番僧表現出來的神通就非常引人注目。據稱當成吉思汗之蒙古軍隊圍攻西夏首府時，就有帝師 Ras pa Shes rab seng ge 修持「退敵儀軌」（dmag zlog），引水淹灌蒙古軍隊，幫助西夏數次頂住了蒙古軍的侵略。[55]今天有學者認為，蒙古人推崇藏傳佛教之最引人注意的原因是喇嘛們十分稱職地取代了其本民族原有薩

---

50 戶科給事中石天柱上書指責明武宗「寵信番僧，從其鬼教」。《明實錄》六六，《武宗實錄》卷108，葉7（第2212頁）。

51 查繼佐，《罪惟錄》，上海：上海古籍出版社，1995-1999年。

52 《弇州四部稿續稿》，卷156。

53 劉若愚，《酌中志》，北京：北京古籍出版社，1994年，第117頁。

54 《明實錄》五一，《孝宗實錄》卷2，葉10（第27-28頁）；類似的說法亦見於《明實錄》四一，《憲宗實錄》卷58，葉9（第1187頁）。

55 劉國威，《巴絨噶舉以及它在青海的發展》，《當代西藏學學術研討會論文集》，臺北：蒙藏委員會，2004年，第629-630頁。

蠻，即 qam，所扮演的文化角色。[56]他們是出色的醫生、巫師、星相/占星家，其神通不但令蒙古人折服，而且亦通過馬可波羅等人的傳播遠揚世界。馬可波羅稱吐蕃和迦什彌羅的「八哈失」（bakhashi）是世界上最神通廣大的魔術師，其遊記中記載有不少番僧的神通故事，其中有些可於漢文文獻中找到佐證。例如馬可波羅記載大汗每年居上都三月中，有吐蕃和迦什彌羅之八哈失為其驅除行宮上的暴風雨。[57]而在《佛祖歷代通載》中我們讀到了元初著名西番國師膽巴以神咒使大汗行殿免遭暴風雨侵襲的故事。[58]這位膽巴國師可以說是元代文人筆下西番神僧形象的典型代表，他有口才，善應對，既是一位妙手回春的神醫，又是一位能呼風喚雨、預知天事的咒師。而其神通的主要來源則是其世代信仰、祀祭的護法摩訶葛剌，即大黑天神。通常以為，摩訶葛剌崇拜最先是經元朝帝師八思巴傳入內地的，其實它至少在西夏時代就已經流行。黑水城出土的漢文文獻中保存有相當數量的修習大黑天儀軌文書，以及與其有關的各種咒語和贊辭。[59]到了元朝，大黑天神成了幫助蒙古軍隊消滅南宋、統一天下的功臣。蒙古滅宋最關鍵的一仗「襄陽之戰」據說是膽巴國師禱引大黑天神，陰助蒙古軍才取得最後勝利的。不僅如此，大黑天神亦曾在元朝中期平定西北諸王海都（1235-1301）之亂中再建神功，據說膽巴國師受命於高粱河西

---

56 Christopher I.Beckwith, "Tibetan Science at the court of the great Khans", The Journal of Tibet Society7, Bloomington, 1987, pp.5-11.

57 《馬可波羅行紀》，第173頁。

58 《佛祖歷代通載》卷22，第726頁。

59 不但在《俄藏黑水城文獻》中我們見到了多種有關大黑天之密咒、贊辭和修習儀軌類文書，而且《黑城出土文書》中所錄的佛教類抄本文書全都是與大黑天神有關的文書。由此可以想見，大黑天崇拜於西夏、蒙古所傳藏傳佛教中佔有何等重要的位置。參見沈衛榮，《西夏、蒙元時代的大黑天神崇拜與黑水城文獻——以漢譯龍樹聖師造〈吉祥大黑八足贊〉為中心》，《賢者新宴》5，2007年，第153-167頁。

北甕山寺中「建曼拏羅，依法作觀，未幾捷報至」。[60]整個元朝對摩訶葛剌神的崇拜十分流行，全國各地許多地方，如佛教聖地五臺山、京畿之地涿州、以及全審路、杭州等地方都建有摩訶葛剌神廟。皇帝即位，「先受佛戒九次方正大寶」，而戒壇前即有摩訶葛剌佛像。[61]甚至於皇宮內，亦「塑馬哈吃剌佛像於延春閣之徽清亭」。[62]西藏喇嘛取代傳統巫覡的事實可以從以下膽巴國師的一個傳奇故事中看得十分明白：膽巴國師曾因得罪其元初著名權臣桑哥而流寓潮州，時「有樞使月的迷失，奉旨南行。初不知佛，其妻得奇疾，醫禱無驗。聞師之道，禮請至再，師臨其家，盡取其巫覡繪像焚之，以所持數珠加患者身，驚泣乃蘇，且曰：夢中見一黑惡形人，釋我而去。使軍中得報，喜甚，遂能勝敵。由是傾心佛化」。[63]

　　如果說藏傳佛教在「蠻夷」建立的元朝於漢地還留下一些如《至元法寶勘同總錄》《大乘要道密集》以及見於漢文《大藏經》中的元朝新譯佛經等「文明的」東西，那麼到了復歸於「文明」的明朝則似乎只剩下屬於「薩蠻」的東西了。從永樂皇帝親自導演、明封大寶法王五世哈立麻活佛主演的「南京奇跡」（Miracles in Nanjing），即於永樂年於南京靈谷寺為明太祖及其皇后舉辦的「普度大齋」，[64]到萬曆年

60　《佛祖歷代通載》卷22，第723頁。

61　《南村輟耕錄》卷2，第20頁。

62　《元史》，卷29《泰定帝本紀》1，第642頁。關於元朝的摩訶葛剌崇拜參見王堯，《摩訶葛剌（Mah'k'la）崇拜在北京》，同氏，《水晶寶鬘──藏學文史論集》，高雄：佛光文化事業有限公司，2000年，第220-247頁；那木吉拉，《論元代蒙古人摩訶葛剌神崇拜及其文學作品》，《中央民族大學學報》27：4，北京，2000年，第91-99頁。

63　《佛祖歷代通載》卷22，第723頁。

64　Patricia Berger, "Miracles in Nanjing: An Imperial Record of the Fifth Karmapa's Visit to the Chinese Capital", Cultural Intersections in Later Chinese Buddhism, Edited by Marsha Weidner, Honolulu: University of Hawai'i Press, 2001, pp.145-169.

問習番教、修豹房的明武宗派太監劉允大張旗鼓地往烏思藏迎「能知三世及未來事」的八世哈立麻活佛的鬧劇，[65]這兩個轟動一時的事件都使番僧、番教於漢文化傳統中的神僧、巫術形象有了進一步的加深。於明代漢文文獻中，我們可以見到許多有關番僧、活佛的神奇故事，例如《萬曆野獲編》中記載了根據「以萬曆三十八年（1610）入貢，因留中國」的烏思藏僧蔣觸匝巴，即 Byang chub grags pa，所說有關活佛的故事，其曰：

> 國人稱國王曰喇嘛令巴恤（bla ma rin po che），三五年一換，將死日，語群臣曰：我以某年月日生某國中，父母為某，汝等依期來迎。後如期死，死後果生某國，從脅下出，三日即能言，告其父母曰：我本烏思藏王，我死日曾語國人，國人亦知來迎。迎至國五六月，暴長如成人，即能登壇說法，往事來事無不通曉。經典自能淹貫。特新王面貌不似舊王，不過五年又生他國，大都多生番地，番人稱曰活佛，迎送必以禮。國王持咒，番人不能動，故極敬畏。國王死不葬，新王到，方火舊王骸，骸中有舍利，齒間有寶石，其異如此。……然則活佛信有之，且至今不絕也。[66]

而《雙槐歲鈔》中記載有這樣一則故事：

---

65 見佐藤長，〈明の武宗の活佛迎請について〉，《塚本博士頌壽紀念佛教史學論集》（京都，1963年）；同氏，《中世チベット史研究》（京都：同朋舍，1986年），第273-286頁。

66 《萬曆野獲編》，卷30，烏思藏，第782頁。這個故事流傳很廣，同樣的記載亦見於清人阮葵生，《茶餘客話》，卷13中。

東井陳先生宣之政為雲南憲副，嘗見西番僧至滇，遇旱，能入海擒龍鉢中，以劍擬之，輒雷電而雨。足履衢石，深入數寸，既去，則鞋跡存焉。咒六畜，生者輒死，復咒之，則死者再生。此元人所以尊信，加帝師號，至於皇天之下，一人之上，蓋懾其邪術故也。[67]

《萬曆野獲編》中還記載了作者親歷的神奇故事，其云：

余往年庚子，在武林應試，時正秋七月，遇一西僧於馮開之年伯家，其人約年四十，日夜趺坐不臥，食能鬥許，亦可不食，連旬不饑。便液亦較常人僅十之一，每十日去若羊矢者三五而已。能持彼國經咒，以炭熾鐵釜銅赤，擎掌上，拈指其中，取百沸湯沃人肌膚如冷雪，亦能以咒禁瘧痢等疾。蓋其地去中國數萬里，塗中奇鬼毒蛇怪獸相撓，非藉咒力禁持，必不能達。此特其小技耳。[68]

諸如此類為世人津津樂道的故事還有許多。它們無疑含有許多誇張不實的成分。值得注意的是，故事的記錄者沒有將這類神通當作番僧修佛所得之成就，而是將它們引以為番教不過是「邪術」或「小技」的證據。就是對番僧之神通本身，漢族士人亦多持懷疑、批評的態度。明人筆記中有如下一則故事：當朝野上下為哈立麻上師於南京靈谷寺行普度大齋時所顯現之神通陶醉時，「唯翰林侍讀李繼鼎私曰：若彼既有神通，當〔通〕中國語，何為待譯者而後知？且其所謂

---

67 黃瑜撰，魏連科點校，《雙槐歲鈔》，北京：中華書局，1999年，卷8《西番過敵》，第152頁。
68 《萬曆野獲編》卷27，西僧，第694頁。

唵嘛呢叭彌吽者，乃云俺把你哄也。人不之悟耳。識者服其議。」[69]
這則故事曾被明人輾轉抄錄，可見時人對番僧之神通持懷疑態度者甚
多。有人肯定活佛不過是一個騙局，說：「且西域豈真有所謂佛子
者，特近幸欲售其奸而無由，乃神其術以動聖聽。」並對番教、活佛
之徵驗提出質問，說：「比見番僧在京者，安之以居室，給之以服
食，榮之以官秩，為其能習番教耳。請以其徒試之，今冬暖，河流天
時失候，彼能調變二氣，以正節令乎？四方告乏，帑藏空虛，彼能神
輪〔輸？〕鬼運，以贍國用乎？虜寇不庭，警報數至，彼能說法咒
咀，以靖邊難乎？試有徵驗，則遠求之可也。如其不然，請即罷
止。」[70]為了保持神僧形象，一些西藏喇嘛付出了慘痛的代價。《菽園
雜記》記載了這樣一則荒唐的故事：「成化初，一國師病且死，語人
曰：吾示寂在某日某時。至期不死，弟子恥其不驗，潛絞殺之。」[71]

　　總而言之，「喇嘛教」這一名稱於張居正《番經廠碑》中或並無
貶義，但於明人對番僧、番教之總體形象中，它顯然不過是「巫術」
「方伎」的代名詞。誇異番僧之神通，無異於說番教乃騙人的把戲，
除了能蠱惑聖主外，於實際無補，亦絕非正宗釋教。

　　清代喇嘛教依然盛行，乾隆絕不是唯一信仰喇嘛教的滿清皇帝，
他們對藏傳佛教的興趣亦絕不只在於其密宗修法。乾隆皇帝興重戒律
和義理的黃教，即宗喀巴創立的格魯派，這本身說明他不只是對藏傳
佛教之密法感興趣。他曾讓章嘉活佛組織譯師將《西藏文大藏經》中
闕譯的著名的漢傳佛教疑偽經《首楞嚴經》譯成藏、蒙、滿等多種文

---

69 傅維鱗，《明書》，卷160《哈立麻》，收入《四庫全書存目叢書》，第40冊，臺南：
　　莊嚴文化事業有限公司，1996年，第359頁。
70 《明實錄》六七，《武宗實錄》卷132，葉5、6（第2625-2626頁）。
71 《菽園雜記》卷4，第38頁。

字，可見他曾用心於藏傳佛教的發展和其與漢傳佛教的溝通。[72]但如前所述，乾隆皇帝的《喇嘛說》，公開地將其對喇嘛教的熱情歸結為統治西藏、蒙古的便宜措施，還激烈地批判了喇嘛教，這顯然有損藏傳佛教之形象。所以，儘管清政府對藏傳佛教的支持有目共睹，但喇嘛教的形象卻並未有根本的改觀。明代藏傳佛教被稱為「喇嘛教」尚是個案，到了清代，「喇嘛教」已經成了一個慣用的名稱，注定擺脫不了被當作「薩蠻」而被巫化的命運。

清人對藏傳佛教的信仰同樣亦離不開密宗修習，不少修法直接繼承自蒙古人。例如，滿人對摩訶葛剌神的崇拜早在清初就已開始，清太宗皇太極曾在盛京建蓮花淨土實勝寺（俗稱黃寺或皇寺），以祀摩訶葛剌神。其主神像據說就是元世祖忽必烈時八思巴帝師用千金於五臺山鑄成的蒙古舊物。[73]與此相應，喇嘛的神通亦依然為清人津津樂道。清代來華的高麗燕行客樸趾源於其《熱河日記》中記載了不少他從漢族士人那裏道聽塗說來的神話故事，如說活佛有神通法術，能洞見人之臟腑，具照見忠奸禍福的五色鏡等。元時因發宋陵而臭名昭著的楊璉真伽此時亦已轉世為神通廣大的活佛，說其「有秘術，有開山寶劍，念咒一擊，雖南山石槨下錮三泉，無不立開，金鳧玉魚，托地自跳，珠襦玉匣，狼藉開剝，甚至懸屍瀝汞，批頰探珠」。[74]可見，雖然乾隆皇帝曾於熱河行宮大建喇嘛廟宇，大張旗鼓地為藏傳佛教造勢，然在漢族士人眼裏，喇嘛教依然不過是具有「神通法術」的異端。極為有趣的是，乾隆皇帝本人亦因信奉藏傳佛教而被描繪成一個

---

72 參見沈衛榮，《藏譯〈首楞嚴經〉對勘導論》，《元史及民族與邊疆研究集刊》第18輯，上海古籍出版社，2006年，第81-89頁。

73 事見《蓮花淨土實勝寺碑記》，見Martin Gimm, "Zum mongolischen Mahākāla-Kult und zum Beginn derQing-Dynastie-die InschriftShisheng beijivon 1638", OE42 (2000/01), pp.69-103.

74 樸趾源，《熱河日記》，第166、170頁。

神通廣大的術士。《清稗類鈔》中記載了這樣的一個故事：

> 高宗（乾隆帝）訓政稱上皇。一日早朝已罷，傳召和珅入對。
> 珅至，則上皇南面坐，仁宗（嘉慶帝）西向坐一小机。珅跪良
> 久，上皇閉目若熟寐然，口中喃喃有所語。久之忽啟目曰：
> 「其人姓名為何？」珅應聲對曰：「高天德、苟文明。」上復
> 閉目，誦不輟。移時揮出，不更問。仁宗大愕。越翌日，密詔
> 珅問曰：「汝前日召對，上皇云何？汝所對作何解？」珅曰：
> 「上皇所誦為西域秘密咒。誦之，則所惡之人雖在千里外，亦
> 當無疾而死，或有奇禍。奴才聞上皇持此咒，知所欲咒者必為
> 教匪悍酋，故以此二人名對也。」[75]

　　而更讓人好笑的是，滿清時代真正的薩蠻巫師竟亦將喇嘛視為同
類，他們一方面從藏傳佛教中吸收養分，如將喇嘛們時時念誦的「六
字真言」作為其自己行法時所用的咒語，另一方面卻將喇嘛們當作自
己的競爭對手，一再向其挑戰以求一決高下。[76]可見，藏傳佛教於滿
清一代亦多半被視為方伎。這種傾向可謂根深蒂固，流風餘緒綿綿不
息。[77]

　　就在人們對「喇嘛教」這一名稱所蘊含的負面涵義和對漢文化傳
統中對藏傳佛教的誤解和歪曲開始有所警覺，因而提議將「喇嘛教」
改正為「藏傳佛教」或「西藏佛教」之時，馬建的《亮出》再次給
「喇嘛教」這一名稱做了一個形象、生動的注腳。它重新喚醒了人們

---

75 徐珂，《清稗類鈔》，北京：中華書局，1984-1986年，《方伎類》。

76 此承日本綜合地球環境學研究所承志先生賜告，在此謹向承志先生致謝。

77 今人楊啟樵著《方伎對於清初皇室的影響》一文，顯然依然視藏傳佛教為方伎。見
　同氏，《明清皇室與方術》，上海：上海書店出版社，2004年，第135-156頁。

對歷史上有關「喇嘛教」之種種荒誕和不堪的故事的記憶。

五　「新背景書」形成之背景

我們有理由推測，馬建從北京出發去西藏以前就已經知道了他將要在西藏尋找或發現的是什麼。然而二十世紀八〇年代中期的西藏事實上不可能提供他想要尋找和發現的那些東西。就如他自己在小說中所描述的那樣，要是沒有那位「當兵的」的引導，他很可能連天葬都看不到，更不用說能親歷本來就應當很秘密的密乘金剛杵灌頂儀軌了。毫無疑問，這部曾被人譽為「現代主義的好作品」的小說中所說的那些故事絕大多數不可能是作者於西藏的親身經歷，而是他根據中國傳統文化中有關西藏和西藏佛教的「背景書」而作的文學創造。當然，馬建的《亮出》絕不只是對那些舊「背景書」的簡單重複，而是於二十世紀八〇年代中國社會、政治之特殊背景中推陳出新的一部「新背景書」。

眾所週知，至八〇年代中期，西藏成為「社會主義大家庭」中的一員已經三十餘年。在同樣經歷了「史無前例的無產階級文化大革命」之後，藏胞的思想觀念和生活習慣業已深受內地「極左思潮」的影響，西藏的社會面貌亦已發生了許多根本性的改變。然而馬建所希望見到的西藏依然是一個與北京毫無相同之處的「異域」，他的小說要刻意描述的亦便是西藏的「異國情調」。事實上，亦正是他小說中所描述的這種「異國情調」不但開罪了已深受漢文化薰陶的在京藏胞，而且也深深地反映出了作者自己的思想觀念囿於其所處時代的政治、社會和文化格局。與西方關於東方的文學和遊記作品一樣，《亮出》對西藏這一「異質文化」的表述顯然遠非客觀和不加選擇。與其說《亮出》描寫的是作者於西藏的見聞，倒不如說是作者及其設想中

的讀者早就期待的東西。當時，讀者已常常可以在一些不登大雅之堂
的小報和雜誌上看到有關天葬、洗澡節、一妻多夫等西藏風情的零星
而又遮遮掩掩的介紹，而發表於《人民文學》的《亮出》可謂投讀者
之所好，其內容集以往報導之大成，為渴望全面瞭解西藏風情的讀者
提供了一頓大餐。如前所述，《亮出》中所說的每一個故事都離不開
「性」，作者有意無意地把氾濫、不倫的性行為描寫成西藏社會的一
個典型特徵，這一方面是受了「性化」西藏之「背景書」的影響，而
另一方面則凸現出八〇年代中國文化人對打破自身文化中幾十年來嚴
酷的性禁錮的強烈渴望。可見，於馬建作出將「性」作為其小說之主
題這樣一種選擇中起關鍵性作用的並非他在西藏的實際見聞，而是他
試圖擺脫的在北京的舊有生活對他的期望。作者在描述西藏之種種
「異國情調」時，顯然更多的是為了將它們描述為可與自身文化形成
鮮明對比的「他者」，所以不惜誇大其詞，而沒有著意於從藏族文化
自身的語境中去理解他所描述的這些現象，並對它們作出合理的解
釋。無疑，這是《亮出》作為一部文學作品之最致命的缺陷。正如有
文藝批評家所指出的那樣：

　　〔馬建的〕這部作品除了作者對黨的民族、宗教政策缺乏瞭解
　　外，最主要的是對民族文化（民俗）的肢解式的誤讀。這種把
　　具體的民俗從民族文化的傳統和體系中肢解出來，從「他者」
　　的文化系統和價值出發進行的「闡釋」和「創造」，對民族文
　　化造成了巨大的損害。[78]

---

78 李曉峰，《中國當代少數民族文學創作與批評現狀思考》，《民族文學研究》2003年
　　第1期。

　　《亮出》中對西藏風情的描述，例如對藏族的天葬習俗和一妻多夫制度的描述，都將它們從西藏的宗教和社會背景中肢解了出來。作者用漢人的眼光，即透過漢人的文化體系和價值觀念對它們作出評判，從而向讀者傳遞西藏野蠻落後的信息。而小說中對「金剛杵灌頂」的描述，更是完全不顧藏傳密教精義之甚深、廣大，將一種秘密、嚴肅的宗教行為置於世俗的公共場域而加以無情的嘲諷。

　　在馬建自己和許多讀者看來，《亮出》這部小說於當時或是相當前衛和具有突破意義的。無疑，於「性」描寫這一點來說，《亮出》確實不同凡響。大概正是為了追求前衛和突破的緣故，所以作者對「性」的描寫可謂不遺餘力，每個故事的展開都非常的戲劇化，給讀者以極強的感染力。然而隱藏於這些前衛的「性」描寫背後的觀念事實上依舊非常的傳統。例如，於作者筆下，藏胞，乃至其崇拜之神、佛的「性」行為均非正常、健康，而是罪惡、不倫和荒誕，並終將導致毀滅。這樣的性觀念顯然與作者所要傳達的西藏傳統相悖，而與馬建企圖突破的自己的文化傳統相近。還有，與對待自己的文化一樣，馬建對西藏的社會、宗教乃至風土人情均持非常尖刻的批評態度。然於其對後者的批評中，卻常常有意無意地顯露出漢族文化較之少數民族文化的優越感。據說馬建是因受不了北京的沉悶而開始其西藏之旅的，然而他顯然將北京的觀念帶到了西藏。於他的筆下，藏族同胞似尚未完全脫離「茹毛飲血」的野蠻時代。藏胞們虔誠信奉的宗教不過是一種喇嘛的精神專制，藏胞對其的迷信則凸現出他們的麻木和愚蠢。再有，馬建對藏胞家庭關係的混亂的描述最能反映出他對西藏社會之原始和落後的看法。二十世紀八〇年代的中國知識分子普遍深受恩格斯《家庭、私有制和國家的起源》等書的影響，對社會進化理論深信不疑，相信家庭是衡量文明進程的尺度。《亮出》中那個三代亂倫和兄弟共妻的故事很容易讓讀者聯想起中國古代史書中常常提到的

古代少數民族「蒸母報嫂」的習俗。作為與漢人文化傳統最相牴觸的一種社會現象，它是用以說明古代少數民族愚昧、落後的一種最典型的表現形式。《亮出》對這些故事的著力描寫，無疑是在告訴讀者西藏社會依然是多麼的原始和落後。

　　儘管在《亮出》受到批判的時候，馬建已經離開了中國大陸，開始了他生命中的另一段旅程。但小說的發表所引起的巨大風波一定是馬建自己、小說的編者和其它欣賞和支持《亮出》的北京朋友們始料未及的。對象《人民文學》這樣國家級的權威文學雜誌之所以會刊登《亮出》這部小說，我們今天無法僅以雜誌編輯，或者說主編個人的膽略、開明或者文學趣味來予以解釋。也許從作者到編者當時確實都過於興奮地專注於這部小說對衝擊八〇年代過於沉悶的漢族兩性文化可能具有的突破意義，而完全忽略了它可能會對藏族同胞造成精神傷害而具有潛在的政治風險。但更可能的是，不管是作者，還是編者，他們不但根本就沒有考慮到遠在「異域」的藏胞會將這部小說中的「那些內容作為一種侮辱」，而且他們並不覺得《亮出》中所說的那些故事及其小說中所表現出來的對西藏社會、文化的批評態度與極左思潮影響下的官方宣傳中對西藏及其宗教的說法有何牴觸，因為批判西藏原有制度和宗教信仰之落後和荒謬本來就是「文革」前後官方宣傳機器的主調。被他們忽略，然而最終給他們帶來麻煩的一個事實是，西藏實際上已非與北京完全不同的「異域」，「他者」早就生活在我們中間。《亮出》中那些對於西藏社會和宗教文化之遠非客觀和真實的描寫，對於深受漢族政治、文化浸淫的在京藏胞而言豈止只是「一種侮辱」。儘管與當時漢族知識分子習慣於將中國的貧窮落後歸咎於中國古老的文化傳統一樣，當時的藏族知識分子對其民族信仰的藏傳佛教傳統亦多持激烈的批判態度，但他們無法容忍他們的漢族老大哥繼續將他們的故鄉想像成一個十分原始、落後的「異域」，並對

他們已經有了巨大改變的社會和宗教傳統作如此「情色化」「巫化」的描述。我們相信馬建創作《亮出》這部小說的目的絕不是要侮辱、傷害西藏同胞，然而《亮出》的發表對西藏民族文化和民族自尊的傷害卻確實是前所未有的。雖然政府對西藏原有的制度和宗教傳統依舊持嚴厲的批判態度，但它絕不能容忍一部文學作品損害民族的團結和國家的統一。對《亮出》的批判絕不是「一場歷史的誤會」。

第六章

幻想與現實：《西藏死亡書》在西方世界

　　一九二七年八月十二日，來自美國加州聖地牙哥市的伊文思（Walter Evans-Wentz）先生編輯、出版了一本名為《西藏死亡書》（The Tibetan Book of the Dead）的奇書，在英語世界引起轟動。這本書很快成為西方世界首屈一指的來自東方的聖書，一本超越時間的世界精神經典（a timeless world spiritual classic）。原本在西方很受推崇的《埃及死亡書》（The Egyptian Book of the Dead），頓時相形見絀，成了明日黃花。瑞士著名心理學家榮格（Carl Gustav Jung，1875-1961）認為《西藏死亡書》遠勝於《埃及死亡書》，其卓越性無與倫比（an unexampled sublimity）；更有人認為《埃及死亡書》與《西藏死亡書》相比，根本就是一盤粗枝大葉的雜燴（a crude farrago）。而像世界著名的法國女探險旅行家大衛‧妮爾（Alexandra David-Neel，1868-1969）這樣對東方宗教享有權威的人士，則稱西藏人對死亡與轉世的反思，不但其它異類文化的傳統無法望其項背，而且就是在佛教內部，也遠勝於其它傳統的同類典籍。這本源出於十四世紀，甚至追根究底可上溯至八世紀的西藏古書，在二十世紀的西方世界風頭獨健，它被一再重新發現、轉世，大大小小的譯本及其這些譯本的各種翻版難以計數，迄今依然層出不窮。素以理性著稱的西方人在它身上發揮了最充分的想像力，《西藏死亡書》成為時常陪伴西方許多名流碩儒左右的鎮室之寶。它是智慧的源泉，任何人都可以在這裏取其所需，

發掘其夢寐以求的神秘智慧。在不到一個世紀的時間，《西藏死亡書》在西方的用途遠遠超出了幾個世紀來它在西藏歷史上所曾經發揮的功能。它甚至被人改寫為使用迷幻藥（psychedelic drugs）的指南，[1]也是西方的死亡之學（the science of death，thanatology）或不朽之學（the science of immortality）的最重要的教科書之一。它還曾被用來標點西方科學的局限，對西方科學的二元論及其對於觀察者與被觀察者之間所作的區分，提出了嚴肅的反駁。一批藝術作品也在這部死亡書的啟發下先後問世。它在以相信轉生、不朽為其中心思想的西方神秘主義（Occultism）、神靈主義（Spritualism）和靈智學（Theosophy）的興起和被接受的過程中，也起了推波助瀾的作用。在西方二十世紀心理學的發展中，特別是在榮格及其它從事意識本質研究的學者的著作中，它也理所當然地佔有重要的一席。它為西方精神界、心理學界提供了諸如「中陰」「壇城」和「轉生」等不少新詞彙，為西方的意識領域開闢了一方新天地。

　　與它在西方世界的遭遇完全不同的是，《西藏死亡書》在以漢文化為主導的東方世界並沒有受到如此的重視。直到最近索甲活佛《西藏生死書》一書的漢譯本在港臺地區成為暢銷書以前，《西藏死亡書》在漢文化區內僅為密乘信徒所知。[2]伊文思編印的這部《西藏死亡書》的漢譯本雖早已在坊間流傳，但影響相當有限。[3]孫景風居士

1　參見Timothy Leary, Ralph Metzner和Richard Alpert，《迷幻經驗：據〈西藏死亡書〉而作的手冊》（The Psychedelic Experience, A Manual Based on the Tibetan Book of the Dead），Secaucus, New Jersey: The Citadel Press, 1964.

2　Sogyal Rinpoche, The Tibetan Book of Living and Dying, ed.by Patrick Gaffney and Andrew Harvey, Harper San Francisco, 1992；索甲活佛，《西藏生死書》，鄭振煌譯，臺北：張老師文化事業股份有限公司，1996年。

3　徐進夫譯，《西藏度亡經》，天華佛學叢刊之十五，臺北，1983年。此漢譯本略去了原書中所收榮格對《西藏死亡書》的「心理學評注」。最近在大陸的圖書市場上也常能見到此書在大陸的各種重印版。

直接從藏文翻譯的《西藏死亡書》更是很少有人問津。[4]大概是受孔老夫子「未知生，焉知死」思想的影響，炎黃子孫對生表現出了極度的執著，他們中的大多數也仍在為簡單的生存而掙扎，尚未有餘力去深究死後的世界。按理說佛教早已深入中華民族文化之骨髓，像「中陰」「轉生」一類的概念，對於學佛的人來說，特別是對稍通唯識學的人來說，當並不陌生。漢地佛教大師輩出，漢藏佛教傳統之間的交流也已經歷了幾個世紀，何以在西方世界如此走紅的一部西藏古書，在中原漢地卻長期默默無聞，到今天「出口轉內銷」，才漸漸引起國人的注意。事實上，即使在西藏這部所謂的死亡書也絕非像它的西方鼓吹者所宣稱的那樣家喻戶曉，人手一冊。至少在一九五九年以前沒有西藏人知道在汗牛充棟的藏文文獻中還有一部稱為死亡書的經典，甚至就是它的藏文原書的名稱《中有聞解脫》也並非每一位學富五明的西藏高僧一定知道，因為它本來只是藏傳佛教寧瑪派傳統中一部伏藏的一個部分，它從未享受過今天在西方所獲得的禮遇，更未被捧為雪域文明的最高成就。藏傳佛教文化博大精深，《西藏死亡書》可比是西藏文化太空中一顆燦爛閃爍的明星，但絕不是可以驅趕長夜、令眾星失色的太陽。

　　西方世界對這部《西藏死亡書》情有獨鍾，不在於它本身是否真的是一部讀上一遍就能獲得西藏文明之精髓，並從此解脫生死輪迴的萬寶全書，而更是因為它在許多方面契合了在風雲變幻的二十世紀中受科學與物質壓迫的西方人的精神追求。在經歷了幾個世紀的壓抑之後，西方開始嚴肅地反思死亡的重要性，及死亡在個人人生經驗中的位置，《西藏死亡書》在西方的出現適得其時。它在西方世界流傳的過程，同時也是它不斷西方化的過程，對科學性的不懈追求促使西方

4　孫景風譯，《中有教授聽聞解脫密法》，上海佛學書局，1994年。

人產生出了一個又一個新的譯本，但在對它的解釋中也夾雜了無窮無盡的西方貨色。在很大程度上，它早已為迎合二十世紀歐美的文化時尚而背離了其原有的功能。順著《西藏死亡書》在西方世界流傳的經歷，我們可以大致構畫出西方人差不多一個世紀來精神追求的心路歷程。當在西方流行的《西藏死亡書》越來越多地流入中國，為越來越多的中國讀者接受時，將它在西方世界流行的過程及其原委披露於世，當對讀者區分何為西藏之原貌，何為泊來的改裝，力求獲得真義有所幫助；當我們今天致力於繞開西方的影響，直接譯解藏文原典，冀以《西藏死亡書》之真實面目警示世人時，西方人傳譯、解讀此書的得失，當是我們一份難得的教材。

晚近，美國密西根大學東亞語言文化係教授羅培慈（Donald S.Lopez，Jr.）先生出版了《香格里拉的囚徒：藏傳佛教與西方》一書，從西方思想、文化史的角度，對自馬可波羅時代至今西方接觸、接受西藏佛教的歷史過程作了全面的檢討，其中的第二章專門討論《西藏死亡書》在西方被翻譯、傳播的歷史。[5]本文即以羅培慈教授書中所述《西藏死亡書》在西方傳播的歷史過程為基本線索，補充以與《西藏死亡書》在西方傳譯過程有關的人物、社會、文化思潮的其它背景資料，結合筆者閱讀《西藏死亡書》各種譯本之心得，對西方近一個世紀內先後出現的五大種《西藏死亡書》的英文譯注本之譯者生平、譯文特點及其與當時西方流行的各種社會思潮的關係作一詳盡的介紹，希望以此能為修習《西藏死亡書》的中國讀者提供一些有益的借鑒。

---

5 Donald S.Lopez, Jr., Prisoner of Shangri-la, Tibetan Buddhism and the West, Chicago and London: The University of Chicago Press, 1998. 最近羅培慈教授又新出版了一部《〈西藏死亡書〉小傳》（The Tibetan Book of the Dead, A Biography, Princetan University Press, 2011）對這一主題做了更詳細的介紹。

一 靈智學派的興盛與《西藏死亡書》在西方的首次出現

《西藏死亡書》在西方的首次出現看起來是一位十四世紀的西藏伏藏師噶瑪嶺巴（Karma gling pa，譯言事業洲）尊者，與一位名叫伊文思的美國怪人偶然相遇的結果。而其實不然，它的出現與一八七五年在紐約宣告成立的靈智學派有著必然的聯繫。十九世紀末期、二十世紀早期，靈智學派代表人物對西藏神秘大士（Mah'tman）所化現的神秘智慧的鼓吹，無疑是二十世紀末期以達賴喇嘛為領袖和象徵的西藏喇嘛在西方這個大舞臺上，最終扮演精神導師一角的一場熱身彩排。

靈智學，即所謂靈魂之學，亦稱神智（knowledge of God）、聖智（divine wisdom）之學或通神學，源出於一個很長的、混雜的靈媒崇拜和精神學傳統，原先隱於地下，十九世紀中葉開始在歐美知識界公開活動。它的創始人是從俄國移民美國的 Helena Petrovna Blavatsky（1832-1891）和美國律師、記者 Henry Steel Olcott（1832-1907）。前者人稱 Blavatsky 夫人，是靈智學派的精神靈魂，而 Olcott 則是天才的組織者，他們兩人的精誠合作，使一個不起眼的學會發展成一個具有深遠影響的國際性組織和運動。[6]

在西方近代史上，十九世紀下半葉即是一個科學獲得巨大進步，宗教被漸漸請下神壇的時期，同時又是一個對精神和宗教充滿渴望的時代，正如有人總結的那樣，這既是一個奧古斯特・孔德（August Comete）和查理士・達爾文（Charles Darwin, 1809-1882）的時代，同時又是紐曼主教（Cardinal Newman, 1801-1890）和威廉・

---

6 參見Robert S.Ellwood，Jr.，《可供選擇的神壇：美國之非傳統的和東方的精神性》（Alternative Altars: Unconventional and Eastern Spirituality in America），Chicago and London: The University of Chicago Press, 1979, pp.104-135: Colonal Olcott and Madame Blavatsky Journey to the East.

詹姆斯（Williams James, 1842-1910）[7]的時代。我們或可加上一句，它也是一個 Blavatsky 夫人的時代。實證科學和來勢洶湧的拜物主義，令許多早已對基督教的救世能力失去信心，又希望保持人類的精神性、為自己在這世界上保留一個得當位置的人深感不安。對實證主義的反叛引發了靈智學、精神主義和其它許多神秘主義的和精神的運動。靈智學運動的興起實際上就是對達爾文進化論的回應，它不是尋求科學的庇護地，進而建立起一種理性的、科學的宗教，這種宗教必須是既接受地質學的新發現，又要比達爾文進化論更精緻的古代秘密精神進化體系。靈智學派這些主張顯然地反映了人們對走出現代化所帶來的種種困擾的渴望。儘管在他們對歷史和世界的普世觀念中表現出了對啟蒙運動的懷疑，有明顯的反現代傾向，但實際上在這種反現代的精神運動身上也已經不由自主地打上了現代的印記。靈智學運動所用的方法，簡單說來就是不遺餘力地將東方作為西方的「他者」而加以理想化，以此來襯托西方社會的醜惡和西方文明的不足，在許多層面上它與十九世紀德國的理想主義和浪漫的東方主義異曲同工。它們的一個最中心的觀點是：在東方曾存在一種在西方早已失落了的智慧或真理，即所謂靈智，西方人想重新獲得這種智慧，則只有老老實實地向東方人學習。而 Blavatsky 夫人自己則已經從西藏神秘大士那兒獲得了這種靈智，所以她是靈智在西方的代言人。

十九世紀七〇年代末，Blavatsky 夫人提出了她自己的一套複雜的進化理論，其特點是將宇宙的進化和人類精神的成長結合在一起。

---

7 美國實用主義哲學和實驗心理學的先驅，主要著作有《心理學原理》《實用主義》《信仰意志和通俗哲學》《多元的宇宙》等。他強調知識和真理的實用性、實踐性，建立了具有美國本土特色的哲學，對現代美國精神的形成產生了巨大的影響。他還建立了全美首家實驗心理實驗室。饒有興趣的是，筆者寫作此文時，寄寓哈佛大學燕京學社社長杜維明教授公館中，一日外出散步，發現在離杜公館僅一個街區之遙的地方，有詹姆斯先生任職哈佛時的故居，不禁生出幾分驚喜和緬懷之情。

她的這一套理論介乎宗教和科學之間，自稱是所謂靈魂之學，是一種更高水準的科學，因為它是科學與古老宗教智慧及其哲學的結合，它的出現便埋葬了處於科學與宗教之間的鴻溝。建立靈智學會的目的在於建立一個不分種族、性別、等級和膚色的普世兄弟會，它鼓勵對宗教、哲學和科學的比較研究，探尋未曾得到解釋的自然法規和人類潛能。靈智學派公然舉起反對基督教的旗幟，偏愛亞洲宗教，但堅稱所謂靈智學只能是在從大西洋和萊穆利亞（Lemuria）文明中產生的所有古老的、史前時期的宗教中所保存的知識精華。靈智學是這種古老的上帝智慧的遺存，它們早已在普通百姓中間失傳，僅僅秘密地保存在住於西藏的仁慈的兄弟會中間。

　　Blavatsky 夫人原姓 Hahn，於一八三一年出生於俄國一個德裔貴族家庭，自幼熱衷於神秘主義和精神現象，十七歲時與 Nikifor Blavatsky 成婚，兩個月後即離開其夫婿前往康士坦丁堡，從此便開始了她不尋常的生命之旅。為尋求神秘智慧，她先往開羅，學習各種秘密方術，然後往歐洲，以作靈媒為生，漸漸將神秘智慧的源頭從埃及的尼羅河移向印度的恒河，最終在喜馬拉雅山麓的西藏落腳。她自稱是藏傳佛教徒，前後在藏區住了七年，曾在西藏日喀則紮什倫布寺附近隨密法高手修法兩年。一八七三年回到巴黎，受神秘大士之命往紐約創建靈智學會。以後她又通過做夢、顯聖等各種感應方式或信件，不斷從西藏神秘大士那裏得到指示，這些大士通過 Blavatsky 夫人之口向世人傳達來自西藏的神秘智慧。儘管當時就有人對她西藏之旅的真實性表示懷疑，將她與西藏神秘大士之間的這種精神感應看成是純粹的騙術，而且在靈智學會中從沒有過一個真正來自西藏的會員，因此，在靈智學派的教法中，西藏和藏傳佛教完全是一個虛無飄渺的想像之物。但經過 Blavatsky 夫人及其弟子們的鼓吹，西藏和藏傳佛教從此被籠罩上了神秘和智慧的光環，西藏取代了埃及、印度，

成為神秘智慧的源泉和遺失了的古老種族的居住地。

靈智學會在創建後的二十年間獲得了巨大的成功和持續的發展，到十九世紀末已經在四十餘個國家中建立起了五百個分支機構，會員達四萬五千人之多，其出版物在世界各地擁有廣泛的讀者群。儘管當Blavatsky 夫人於一八九一年去世時，西方意識形態之間的爭論愈演愈烈，但靈智學會對傳播亞洲思想的推動繼續蓬勃發展。西方一些知名的西藏和佛學專家如大衛‧妮爾、榮格、德裔印籍佛教學者高文達喇嘛（Lama Anagarika Govinda, 1898-1985）、世界著名的大乘佛學研究專家德裔英人愛德華孔茲（Edward Conze, 1904-1979），以及最早在西方傳播禪宗的日本佛教大師鈴木大拙（1870-1966）等，都曾是靈智學會的信徒和積極支持者。[8]孔茲終生信奉靈智學，視 Blavatsky 夫人為宗喀巴的轉世。因此，有人不無根據地認為，Blavatsky 夫人不但是十九世紀秘密崇拜圈中唯一的最有影響的女人，而且在許多方面可以說也是那個時代歐美最具影響力的女性[9]。

8　參見Poul Pedersen，《西藏，靈智學和佛教的心理學化》（Tibet, die Theosophie und die Psychologisierung des Buddhismus），載《神話西藏：感知、設計和幻想》（Mythos Tibet: Wahrnehmungen, Projektionen, Phantasien），Köln: DuMont, 1997, pp.165-177。關於Blavatsky夫人的生平參見Marion Meade，《Blavatsky夫人：神話背後的女人》（Madame Blavatsky, The Woman behind the Myth），New York, 1980; Sylvia Cranston，《Blavatsky夫人：現代靈智學運動創始人的異乎尋常的生平和影響》（HPB: The Extraordinary Life and Influence of Helena Blavatsky, Founder of the Modern Theosophical Movement），New York: G.P.Putnam's Sons, 1993；Blavatsky夫人自己的著作：《秘密教法：科學、宗教和哲學之結合》（The Secret Doctrine: The Synthesis of Science, Religion, and Philosophy），London, 1888；《除去面罩的伊西斯：一把打開古代密法、現代科學和神學的萬能鑰匙》（Isis Unveiled: A Master-key to the Mysteries of Ancient and Modern Science and Theology），London, 1877.

9　Richard Noll，《榮格崇拜：一場造神運動的起源》（The Jung Cult: Origins of a Charismatic Movement），Princeton: Princeton University Press, 1994, pp.63-68: Blavatsky and Theosophy.

　　就在靈智學會由弱到強，在西方眾多先進知識分子中風行之時，伊文思來到了人間。一八七八年，伊文思出生於美國新澤西州的Trenton，孩提時代就對其父親所藏有關秘密主義、精神學的書籍有濃厚的興趣，讀過 Blavatsky 夫人的兩部巨著《除去面罩的尹西斯》（Isis Unveiled）和《秘密教法》（The Secret Doctrine）。世紀之交，伊文思移居加州，於一九〇一年加入總部設在 Point Loma 的靈智學會美國分會。在該會教主 Katherine Tingley 的鼓勵下，伊文思入斯坦福大學隨威廉・詹姆斯和 William Butler Yeats 深造。自斯坦福大學畢業後，復入牛津大學耶穌學院（Jesus College Oxford）研究凱爾特民俗（Celtic folklore），完成題為《凱爾特人國家的神仙信仰》（The Fairy Faith in Celtic Countries）的論文。其後，便開始了他尋求神秘智慧的世界之旅。

　　第一次世界大戰爆發時，他正在希臘，戰爭時期他主要住在埃及；後從埃及移居斯里蘭卡，再移至印度，隨許多印度上師學法。按照他自己的說法，他一共花了五年多時間，「自斯里蘭卡棕櫚樹蔭蔽的海岸，到印度河邊的神奇大地，再到喜馬拉雅山麓冰雪覆蓋的高原，追尋東方的智者」。在旅途中，他遇到了許多的哲人、聖人，他們都認為他們自己的信仰和實修，與西方的信仰和實修之間有許多並行的東西，這些並行的東西當是古時某種歷史聯繫的結果。一九一九年，他到達喜馬拉雅南麓名城大吉嶺，從一位剛從西藏返回的英國少校軍官 Major W.J.Campbell 手中獲得了不少藏文書籍，其中包括十四世紀西藏伏藏大師噶瑪嶺巴尊者發掘的伏藏大法《寂忿尊密意自解脫甚深法》中的部分經書。在當地警察局長 Sardar Bahadur S.W.Laden La 的引薦下，伊文思帶著這些藏文古書，找到了在甘托克大君男兒學校教英文的藏族喇嘛格西達哇桑珠（譯言月亮心成），兩人開始了為期僅兩個月的合作，生產出了一部超越時空的世界精神經典。

伊文思和達哇桑珠的合作可謂天造地設，因為達哇桑珠也是一位熱衷於追求神秘智慧的人。他生於一八六八年六月十七日，不僅藏文、英文極佳，而且也粗通梵文。自一八八七年十二月至一八九三年十月，他曾出任英印政府藏文翻譯，也曾是西藏地方政府使印全權大臣倫欽夏絜的首席翻譯，還曾為十三世達賴喇嘛使印時的政治幕僚之一。英屬印度政府官員 John Woodroffe 曾請他英譯藏文《吉祥勝樂續》（Sricakr-asambhara Tantra），後作為他主編的《密續經典》（Tantra Texts）之第七卷出版，對他的學養極為推崇。Woodroffe 在出任加爾各答最高法庭法官任內，成為一位知名的印度教學者和虔誠的印度密宗教徒，曾以筆名 Arthur Avalon 出版過諸如《魔力》（The Serpent Power）一類的著作。自一九〇六年起，達哇桑珠出任錫金甘托克大君男兒學校校長。他也曾為大衛・妮爾當過翻譯，在後者的筆下，他是一位很有性格的性情中人。在《西藏的巫術與密法》中，大衛・妮爾曾對她的這位翻譯作過如下描述：

> 達哇桑珠，一位崇拜神秘智慧的人，在一定的方式內，他自己就是一個秘密。他追求與空行母和忿怒本尊的秘密相應，期望因此而得到超常的力量。世界上任何神秘的東西都曾強力地吸引住他，可惜為了謀生，他無法抽出很多的時間來從事他最喜愛的研究。
>
> 像他的許多老鄉們一樣，酗酒成了危害他生命的禍根。這使他易怒的自然傾向不斷增強，最終導致他有一天操持起了一把謀殺者的斧頭。當我住在甘托克的時候對他尚有幾分影響力，我曾說服他保證徹底戒除這種所有佛教徒應當戒除的毒汁，但他所擁有的力量顯然不足以使他信守他的承諾。
>
> 關於我的這位好翻譯，我還可以講許多其它有趣的故事，有些

實在逗人，帶點兒薄伽丘式（Boccaccio）的風格。除了秘密崇
拜者、學校教師、作家以外，他還扮演了其它別的角色。但讓
他的靈魂安息，我不想說小了他。經歷了孜孜不倦的苦讀，他
是名副其實的飽學之士，而且也是一個討人喜歡和風趣的人。
我為自己遇見他而感到慶幸，以感激之情承認我對他的負欠。[10]

　　總之，對達哇桑珠喇嘛而言，與西方人合作已不是第一次。翻譯
像《西藏死亡書》這樣的西藏密法，照理應當是一份費時費力的工
作，而令人難以置信的是，伊文思與達哇桑珠相處的時間僅有兩個月
而已。而且就在這兩個月內，他們兩人也只是在每天早晨學校開課以
前，坐在一起翻譯伊文思帶來的那些藏文經書。達哇桑珠為伊文思所
口譯的那些經書，還不僅僅只是後來名聞天下的《西藏死亡書》的原
胚，伊文思的別的著作《西藏的大瑜伽師米拉日巴》（1928）和《西
藏的瑜伽和其秘密教法》（1935）的藍本，也是在這兩個月內打下
的。他們兩人合作的效率之高，實在不得不令人佩服。兩個月後，伊
文思離開了甘托克，回 Swami Satyananda 的 Ashram 修煉瑜伽，繼續
他的東方之旅。儘管伊文思後來口口聲聲稱他自己是達哇桑珠上師的
入室弟子，可正如伊文思的傳記作者後來所發現的那樣，伊文思和達
哇桑珠的關係實際上遠得讓人吃驚。不管是保存至今的他們之間的通
信，還是達哇桑珠的日記，都表明他們之間的關係實際上很疏遠和客
套。伊文思從來不曾是一個虔誠的藏傳佛教徒，沒有任何資料可以證
明他曾從達哇桑珠或其它西藏喇嘛那兒獲得過任何特別的教法[11]。

---

10 Alexandra David-Neel, Magic and Mystery in Tibet, New York: Dover Publications, 1971,
　　pp.15, 17, 19.

11 Ken Winkler，《光明香客》（Pilgrim of the Clear Light），Berkeley: Dawnfire Books,
　　1982, p.44.

　　伊文思最終出版這部日後轟動西方世界、成為西方迄今為止讀者
最多的一部源出西藏的著作，是在他獲得這部藏文原著後近十年的一
九二七年，此時他的合作者達哇桑珠也已經離開塵世多年。一九二二
年三月二十日，達哇桑珠喇嘛英年早逝於加爾各答大學西藏文教席任
上。如前所述，這部著作的全稱是《西藏死亡書，或中有階段之死後
經驗，據喇嘛格西達哇桑珠之英文口述》，伊文思所扮演的角色看起
來不過是此書的一位編輯而已。伊文思在該書前言中開宗明義：「在
本書中，我正努力──至今像是可能──壓抑自己的觀點，而僅僅充
當一位西藏聖人的傳聲筒，儘管我是他的入室弟子。」其口吻與
Blavatsky 夫人常以西藏神秘大士之代言人的身份布道立說相彷彿。
可事實上，這部在西方世界流傳的《西藏死亡書》，自始至終都不是
一部純粹的藏文經典，而是西方人寫給西方人自己看的書，藏文原著
只是其利用的工具。

　　在《西藏死亡書》第一版中除了伊文思的自序外，就已經加入了
由 John Woodroffe 寫的一篇題為「死亡之科學」的長篇序論。在這篇
序論中，Woodroffe 堅持不懈地要在印度教中，特別是印度教的密法
傳統中找到與《西藏死亡書》中所提出的教法相類似的東西，或者有
可能是《西藏死亡書》之先例的東西。伊文思自己也沒有像他所說的
那樣，只是充當達哇桑珠的傳聲筒，他也為此書寫下了長篇的導論，
幾乎是用西方人能聽得懂的語言將這部藏文原書的內容重述了一遍，
並對達哇桑珠喇嘛所譯內容作了冗長的注釋。一九四九年，《西藏死
亡書》再版時，伊文思又新加了一個序言；一九五七年該書出第三版
時，又增加了榮格所著題為「心理學評注」的長篇釋論和高文達喇嘛
所寫的序論。一九六〇年，當該書首次出平裝版時，伊文思又再加了
一個序言。今天我們在西方所見到的《西藏死亡書》充滿了其它並非
來自西藏的聲音，不僅從數量上說，各種序論、注釋、附錄加在一

起，已超過了正文翻譯部分，而且從內容的強度來看，也已經蓋過，或者說偏離了原文。《西藏死亡書》在西方受歡迎程度的不斷增強，招引來各路神仙、權威，各自從自己的本行出發，對它作隨意的詮釋，最終使一部原本簡潔明瞭的藏文經典變得不僅體積龐大，內容更是雲蒸霞蔚，美則美矣，可讀者再難見其原貌了。

　　伊文思發現這部千古奇書是因為受靈智學派思想的啟發，來東方尋找神秘智慧的結果，而對《西藏死亡書》的譯釋過程，更使他加深了對靈智學派共用的一種理論的信念，即現在保存於東方的這些神秘智慧原本來自西方。在他的註釋中，伊文思常常強調，西方在死亡藝術上整個失去了自己的傳統，而這個傳統對於埃及人、甚至中世紀和文藝復興時期的歐洲人來說，卻不陌生。它是一個前基督教的傳統，並被機智地加入了原始基督教教會，如羅馬、希臘、英國國教、敘利亞、阿爾美尼亞和科普克等教會的各種不同的儀軌。可是，現代醫學忽略了這個西方原有的傳統，努力幫助垂死之人，但對於死後的情形不但不加指導，反而以其頗為值得可疑的做法帶給病人沒有必要的恐懼。西藏關於死亡的藝術是一個前佛教的傳統，延續至達哇桑珠喇嘛尚未遺失，他願意口譯這部密法，意在啟發西方去重新發現，再次修習這門在他們本土已經失傳的死亡藝術，從中發現佛陀教導的智慧內光和所有人類的最高指南。

　　除了這一部聞名世界的《西藏死亡書》以外，伊文思還出版了另外三部有關西藏的著作，它們是：《西藏的大瑜伽師米拉日巴》（1928）、《西藏的瑜伽和其秘密教法》（1935）和《西藏的大解脫書》（1954）。[12] 其中前兩部同樣是根據達哇桑珠喇嘛的口譯寫成，後一部

12　《西藏的大瑜伽士米拉日巴》（Tibet's Great Yogi Milarepa），London: Oxford, 1928；
　　《西藏的瑜伽和其秘密教法》（Tibetan Yoga and its Secret Doctrines），London:
　　Oxford, 1935；《西藏的大解脫書》（The Tibetan Book of the Great Liberation），
　　London: Oxford, 1954.

的底稿，則是伊文思於一九三五年在達哇桑珠死後回到大吉嶺另雇三位錫金藏人為他翻譯的。其後伊文思一直是一位忠實的靈智學派教徒，撰寫過其它各種宣傳該派思想的作品。其生命的最後二十三年，一直住在聖地牙哥市一座名為 Keystone 的旅館中。死前的最後幾個月則依靠設在加州 Encinitas 的 Swami Yogananda 自我實現獎金度過。[13]

　　伊文思一生的成功全在於這一部《西藏死亡書》，美國密西根大學東亞系教授羅培慈先生打趣說，要是當初那位英國軍官 Campbell 塞給伊文思的不是這部死亡書，而是其它什麼別的東西，比如寺院戒律或者佛教因明一類的書，那西方的歷史不知會出現何等樣的變化？但實際上正如羅培慈教授自己所總結的那樣，西方世界對《西藏死亡書》的最初興趣部分是因為第一次世界大戰之後，西方人對精神主義的重新發現和對死後命運的日趨關注。[14]《西藏死亡書》在西方問世時正好是西方對轉世的爭論最激烈的時候。將近一百年間，關於轉世的概念在西方的神秘主義、精神主義、靈智學及其它秘密宗教中都曾經是最中心的論題，而到了二十世紀的二三十年代，對科學的崇拜壓倒一切，關於轉世的觀念面臨最嚴峻的挑戰。正好在這時候，《西藏死亡書》在西方問世，它對死亡和死亡過程如此詳細、完整、有連貫體系，而且在許多方面可以得到實證的描述，無疑對延續關於轉世概念的討論注入了新鮮、強勁的養分。所以，它的出現引來了正與科學艱難對壘的靈智、精神崇拜者的一片叫好，被他們當作是「死亡科學」的最不可多得的教科書。

　　假如沒有這樣的歷史前提，這部書就是落到了伊文思手中也並不見得會為其所重。當然後人不能不佩服的是，一個實際上不懂藏文，

13 John Myrdhin Reynolds，《赤裸見自解脫》（Self-Liberation through Seeing with Naked Awareness），Barrytown, N.Y.: Station Hill Press, 1989, pp.71-78.

14 羅培慈上揭書，第48、52頁。

對西藏文化所知無幾，頂多只能算是一位如薩義德（Edward William Said）先生所說的「熱情的外行」的人，卻竟然有如此慧眼，一下就能把這本本來並不叫死亡書的書，從別人隨意給他的藏文書籍中挑選了出來，並根據別人的口譯，加上自己天才的發揮，演繹成一部令世界矚目的《西藏死亡書》。《西藏死亡書》的出版使伊文思自己一夜之間從一個默默無聞的人，變成了名聞世界的大師。

二　榮格對《西藏死亡書》所作的心理學釋評

伊文思編印的這部《西藏死亡書》在西方世界所受到的反應之熱烈，恐怕是伊文思自己也不曾預料到的。自一九二七年問世至九〇年代，英文本就已經有了不下於十種版本，印了五十二萬五千冊。它的其它歐洲文字的譯本，和日文、中文的印數至今未見有具體的統計數目，當也不少於英文版的印數。毫無疑問，迄今為止，曾經閱讀過伊文思編譯的這部《西藏死亡書》的西方人的總數，已經遠遠超過了讀過此書之藏文原本的西藏人的總數。更令伊文思歡欣鼓舞的是，許多世界級的大師、權威如 John Woodroffe、榮格、高文達喇嘛等，紛紛站出來為他的這部著作大作廣告，並馬上開始為它撰寫評論、導讀，從各自的專長出發對它作進一步的解釋，都希望獻一己之力，使更多的西方讀者接受這部來自東方的奇書。在這類導讀、評論類的作品中，榮格於一九三五年為該書德譯版所撰寫的「心理學評注」，無疑是影響最大的一種，[15]可稱是《西藏死亡書》在西方世界傳播的第二個里程碑。

榮格在這篇評論中說：「這部《中有聞解脫》，其編者伊文思博士

15　《西藏死亡書》的德文翻譯版，Das Tibetanische Toten Buch 於 1935 年在瑞士蘇黎世問世，榮格所寫的這篇評論被 R.F.C.Hull 翻譯成英文，加入於 1957 年出版的《西藏死亡書》英文版第三版中出版。

很貼切地將他稱為《西藏的死亡書》，於一九二七年首次出現時在說
英語的國家引起了相當大的震動，它屬於這樣一類品級的著作，即它
不但對大乘佛教的專家有意義，而且因其深刻的人性和對人類心理更
深刻的透視，故而對那些尋求增廣自己關於生命知識的外行也具有特
殊的魅力。在它首次問世後的多年來，《中有聞解脫》一直是我日常
的伴侶，不只是我的許多有挑戰性的觀點和發現，而且我的許多帶根
本性的看法都來源於它。與《埃及死亡書》促使人或者說得太多，或
者說得太少不一樣，《中有聞解脫》提供了人們一種講給人類而不是
上帝或者原始初民聽的可以理解的哲學。其哲學包含佛教心理學批評
之精華；正因為如此，人們真的可以這樣說，它的卓越性實在是無與
倫比的。」榮格對這部《西藏死亡書》評價之高、及其對它在西方世
界的傳播所造成的影響之大恐怕也是無與倫比的了。伊文思本人對榮
格寫此評論感激不已，稱榮格此舉乃西方世界對這部論述生死之學的
藏文經書所表達的最偉大的殊榮。

何以一位在西方如此大名鼎鼎的分析心理學家，竟然會對《西藏
死亡書》推崇備至到如此程度？如前所述，榮格是 Blavatsky 夫人的
信徒、靈智學會的積極參與者，這當是促使他對這部靈智學的代表
作，表示出異乎尋常的熱情的重要原因。除此之外，促使他如此熱衷
於東方宗教哲學的一個更重要的原因是，此時的榮格正努力運用東方
的哲學思想、特別是佛教哲學，來建立和發展他自己區別於佛洛德
（S.Freud）的分析心理學體系，並嘗試將佛教心理學化。榮格充分認
識到靈智學會的活動，對於將亞洲宗教和哲學引入西方公眾意識意義
重大，故不遺餘力地投入其中。[16]

---

16 參見Luis O.Gómez，《東方的智慧靈魂的治療：榮格和印度東方》（Oriental Wisdom
and the Cure of Souls: Jung and Indian East），載《佛之管家：殖民主義下的佛教研
究》（Curators of the Buddha: The Study of Buddhism under Colonialism），ed.Donald
S.Lopez, Jr., Chicago University Press, 1995, pp.197-250.

一九一二年，榮格發表《轉換之象徵》（Symbols of Transformation）一書，以此為象徵結束了他與佛洛德的合作。這部以英雄、純淨（Pure）、大母之原型（archetypes）為論述主題的著作，不僅標誌著他與佛洛德在學術上的分離，也使他自己陷入一個被孤立和內省的階段。這個階段持續到他於一九二一年發表《心理學類型》（Psychological Types）為止。自一九二一年至一九三六年，榮格正致力於為他與自我內在探索，和其病人、同事於內在探索中所發現的過程尋找客觀的並行物。也就是在這段時間內，榮格將他的視角從西方移到了東方。一九二九年，榮格出版了《〈太乙金華宗旨〉評注》（Commentary on the "The Secret of the Golden Flower"），這是他的第一部來自東方的宗教著作的評注，《太乙金華宗旨》是一部道家講煉丹、養生的著作，德國著名傳教士、漢學家魏禮賢（Richard Wihelm）將它翻譯成德文，於一九二九年秋首次出版。榮格應邀為此書撰寫了這篇評論文章。[17]

榮格關於佛教的作品主要是於一九三六至一九四四年間完成的。除了這一篇對《西藏死亡書》的評注外，還有《關於再生》（Concerning Rebirth）、《關於壇城象徵主義》（Concerning Mandala Symbolism）、《心與地》（Mind and Earth）、《〈西藏大解脫書〉評注》（Commentary on the Tibetan Book of the Great Liberation）、《瑜伽和西方》（Yoga and the West）、《鈴木大拙〈佛教禪宗入門前言〉》（Forward to Suzuki's Introduction to Zen Buddhism）、《東方坐禪心理學》（The Psychology of Eastern Meditation）、《心理學和煉金術》（Psychology and Alchemy）等。他的這些著作，特別是他對《西藏死亡書》的評注，曾經是風行

---

17 此書之英譯本於一九三一年在美國問世：The Secret of the Golden Flower, A Chinese Book of Life, Translated and Explained by Richard Wilhelm with a commentary by C.G.Jung, Orlando.英譯者名Cary F.Baynes.

西方世界的暢銷書。[18]

當榮格於一九三六年首次發表關於佛教的著作時，他已經年過花
甲，在一九二一至一九三六年這二十四年間，他的那些關於亞洲宗教
的觀念已日趨成熟，但尚未找到一條讓它們進入他的煉金術框架的道
路，這個框架在他此後二十五年的工作中占主導地位。榮格對東方宗
教的研究是他的思想觀念的根本性的轉捩點，從此他堅決地使用想像
的話語作為一種分析的工具（imaginative discourse as an analytical tool）。
他時常關注的是一個西方人利用東方的精神方法和哲學時會出現的實
際問題；整體之形象、一個目標、或者一種心理治療的組織原則的形
象，成了這個時期他的思想的中心。佛像、壇城等便是引起他注意的
這類形象。在榮格這個時期的著作中，讀者可以見到他對坐禪與積極
想像經歷之意義的實際理解。另外，在所謂同時性（Synchronicity）
的名稱下，榮格開始考察一種因果現實（a causal reality）。這包括想
像性語言的本質及在心理治療和精神轉換中象徵的使用等。

在印度和西藏佛教思想中，心理學體系廣大，可是對外在現實卻
缺乏一個研究系統，對此情形榮格表示出極大的興趣，並以此為對照
反觀西方科學、技術研究的廣泛和心理學調查相對缺乏的現象。榮格
悟出這實際上反映的是兩種文化對內在和外在世界的不同的價值判
斷。西方過分注重外在的東西，而東方則以內在世界為重，這兩種態
度都嫌偏頗。用榮格的話說：「在東方，內在之人總是牢牢抓住外在
之人，以至於這個世界沒有任何機會可以將它與它內在的根本分開；
而在西方，這個外在之人上陞到一個如此的程度，以至於它已經從它
的最內在的東西中異化了出來。」當然，榮格研究東方宗教的目的並

---

18 關於榮格與東方各種宗教、思想的關係，有J.J.Clarke的專著，《榮格與東方思想：
   與東方的對話》（Jung and Eastern Thought: A Dialogue with the Orient），London and
   New York: Routledge, 1994.

不在於僅僅將這兩種偉大的文化褒貶為內在與外在便算完事。他正在嘗試確定這種知識於此而產生的占主導地位的心理學態度。榮格堅持當一個極重外在的西方人接觸一種極為內向的東方心理學和精神學類文獻時，他或她應當整個地將書中指示顛倒過來讀。

這個方法就是榮格用來向西方人解釋《西藏死亡書》的最基本的方法。他聲稱從《西藏死亡書》的外觀來說，它是心理學的作品。所以它開始將他對此書之領悟與佛洛德備受限制的觀點相比較，提出《西藏死亡書》傳統上表示這種領受灌頂（指示）的過程是從純意識之最高、最外化狀態移向最低的狀態，即在母親子宮中轉生和走入這個世界的過程。而在西方心理學中作為一個指示體系，它按相反的順序工作。它始於在這個世界再生為人，然後返回到最初的孩提時代、出生之痛苦、然後經受入子宮和入產道經驗。這種在受孕之前的心理學經驗正開始在超個體心理學（Transpersonal psycology）中作試探性的探索，因為內向型的暗潮開始在西方重新為自己爭得一席之地。[19]

具體說來，按照《西藏死亡書》之原意，死亡的經歷分為臨終中有（’chi kha’i bar do）、法性中有（chos nyid bar do）和受生中有（srid pa’i bar do）三種。臨終中有是指人臨死的一彈指頃，於死相畢現，以至死亡光明出現；法性中有指中有之身受業力牽引去投胎，以接受新的處生；在這投胎前至投入母胎時的受生中有階段，遊移的意識進入子宮，此前親眼見證了其父母最初做愛的場景。

榮格認為佛洛德的心理分析已經能夠發現這三個中有中的最後一個，即受生中有，它以嬰兒的性幻想為其標誌。有些分析家甚至聲稱已經發現了子宮內的記憶。不幸的是，西方之理性就在這一點上到達

---

19 Peter Bishop，《力量之夢：西藏佛教與西方想像》（Dreams of Power: Tibetan Buddhism and the Western Imagination），London: The Athlone Press, 1993, pp.42-52.

了極限，而榮格本人要借助東方宗教來打破這種局限。榮格表示，佛洛德的心理分析當可繼續深入至胎前（preuterine），「假如這項大膽的事業得到成功的話，那麼它一定能走出受生中有，從背後滲透進法性中有所達到的下層區域」。這就是說佛洛德已經可以證明再生的存在了，榮格在這裏提醒人們注意古典佛教中對證明存在再生的證據，即是說，這一個剎那的意識是由前一個剎那的意識生產出來的，所以，一旦承認在受孕之剎那意識是前一個剎那的意識的產物，再生也就自然得到了證實。對於榮格來說，在他進入自己的課題之前更重要的是這個摒除佛洛德的機會。但它對佛洛德的批評只是順帶而已，他很快進入他自己的巨大工程，即將亞洲的智慧融入到他自己的心理學理論中。

榮格建議，西方人閱讀《中有聞解脫》當從後往前讀，即先是受生中有，然後是法性中有，最後是臨終中有。因為受生中有之神經官能症（neurosis）已經得到證實，下一步是要進入法性中有這一受業力牽引的幻影狀態。他抓住這個時機將業力解釋為心理學的遺傳性，這很快引向他的所謂集體無意識的種種原型。對於這些從比較宗教和神話中產生出來的原型，榮格認為，在這些形象與那些借助它們來表達的觀念之間的驚人的類似常常會引發出最匪夷所思的種族遷移理論，但若想到人類的心理在任何時間、任何地點都可以有驚人的相似之處，則無疑要比異想天開地設計各種種族遷移理論來得自然得多。在這一點上他與伊文思等有明顯的不同，榮格認為亞洲的瑜伽術與希臘秘密崇拜儀軌彼此間沒有聯繫和影響，他們的觀念都是原生的、普世的，源出於一種無處不在的心理結構。除了這種無處不在的心理結構外，還有什麼能夠解釋這樣的事實，即死人不知道他們自己已經死了這樣的一個觀念同樣見於《中有聞解脫》、美洲的精神主義和十八世紀瑞典哲學家、秘術師 Emanuel Swedenborg（1688-1772）的著作中。

　　榮格進一步指出，法性中有中的種種恐怖的淨相，代表了屈服於不受心識限制的幻想和想像所產生的力量，法性中有狀態相當於一種故意誘發的精神變態。榮格幾乎在他所有的關於亞洲的作品中都發出了同樣的警告：「修煉瑜伽的西方人處於極大的危險之中。」藏文經續中形象地描述的佛教地獄內所發生的肢解是會導致精神分裂症的心理分裂象徵。在榮格看來，東西方之間的一個根本性的不同是，在基督教中灌頂是為死亡所作的一種準備，而在《中有聞解脫》中，灌頂是為再生作的一種準備，準備讓靈魂下落為具形的人身。這就是為什麼歐洲人應該將《中有聞解脫》的順序顛倒過來的原因，人當從個人的無意識的經歷開始，然後進入集體無意識的經歷，最後進入這樣的一種精神狀態：即幻影中止，失去一切形色和對實物之依附的意識回覆到無時間、未形成狀態。榮格的最後結論是，「神祇和精靈的世界，實際上只是自我內部的集體無意識」。

　　榮格對《西藏死亡書》這種評論在當時獲得一片喝彩，因為他利用西方先進的現代心理學方法對《西藏死亡書》所作的解釋不僅僅使西方讀者更容易看懂、接受這部東方的靈學經典，而且更重要的是這個解釋的過程發展了由佛洛德率先嘗試的西方心理分析研究，衝破了弗氏的形而上恐懼，開通了通往神秘領域的通道，從此「歷代許多徹悟之人認為有關前生和來世的這種深刻的學說，如今已經置之於我們西方科學家的研究之下，可說是一件影響深遠，具有歷史意義的事情」。[20]

　　但榮格對《西藏死亡書》的這種詮釋方式晚近卻受到了羅培慈教授的激烈批評。他指出，榮格將《中有聞解脫》和其它別的亞洲文獻用作原材料來建立他自己的理論，而沒有承認他在利用這些亞洲著作

20　W.Evans-Wentz, The Tibetan Book of the Dead，第三版序言，1969, p.ix.

的過程中對他們的違背。顛倒三中有的次序只是其中一個典型的例子
而已。他將這些原材料在他的分析心理學的工廠中進行加工，進一步
生產出「集體無意識」的產品。這些產品不但被作為心理治療的組成
部分在他的歐美用戶中暢銷，而且還出口到歐美國家在亞洲的殖民
地，成為當地被殖民的子民當作對他們自己的文化所作的最好的解
釋。[21]榮格對東方宗教、哲學的研究帶著很明顯的殖民主義色彩。

三　高文達喇嘛對《西藏死亡書》的詮釋

高文達喇嘛是上個世紀西方世界大名鼎鼎的藏傳佛教大師，人稱
「佛教界最偉大的解釋者、思想家和禪定大師之一」。[22]特別是在七八
十年代的美國加州，見者皆尊稱其為喇嘛，大概是 Robert Thurman 之
前，西方世界自己生產出的最有影響力的藏傳佛教代表人物。儘管按
照他自己的說法，他曾受過格魯派和噶舉派的灌頂，而不曾是寧瑪派
上師的入室弟子，但他也同樣不遺餘力地在西方宣傳《西藏死亡
書》，把《西藏死亡書》說成是一部藏傳佛教、或者說是整個大乘佛
教之精華的經典著作。在這一點上 Thurman 與高文達喇嘛的經歷極為
相似，他是達賴喇嘛的入室弟子，又是哥倫比亞大學的宗喀巴講座教
授，以在西方宣傳宗喀巴之教法為己任，但最終還是忍不住提起他的
神來之筆，重新翻譯、解釋非其本門家法的《西藏死亡書》。不管宗
喀巴的教法是何等樣的博大精深，它畢竟不可能像《西藏死亡書》一

---

21 羅培慈，《香格里拉的囚徒：藏傳佛教與西方》，第57-59頁；參見Richard Noll上揭
　書；Nathan Katz，《靈氣和空行母：關於榮格和西藏佛教的批評性比較研究》
　（Anima and mKha'-'gro ma: A critical comparative study of Jung and Tibetan
　Buddhism），The Tibet Journal, II, 3, 1977, pp.13-43; Luis O.Gómez上揭文。

22 高文達喇嘛《為西方的佛教》（Lama Angarika Govinda, A Living Buddhism for the
　West, translated by Maurice Walshe, Boston & Shaftesbury: Shambhala, 1990）編者序。

樣在西方有如此廣闊的市場。

　　高文達喇嘛實際上並不是藏人，也不是一位出家的喇嘛，甚至連藏文也只是一知半解，可他順著他自己設計的「白雲之路」，攀登上了西方藏傳佛教之極頂。[23]高文達喇嘛俗名恩斯特·洛塔·霍夫曼（Ernst Lothar Hoffmann），於一八九五年生於德國的 Kassel。[24]第一次世界大戰時，在意大利前線服兵役，後入弗萊堡大學學神學、哲學。因於 Capri 與旅居國外的歐美藝術家們住在一起，而開始對佛教感興趣，於一九二〇年出版了他的第一部著作《佛教的基本觀念和它與上帝觀念的關係》（The Basic Ideas of Buddhism and Its Relationship to Ideas of God）。[25]一九二八年，他首途斯里蘭卡，隨其同胞小乘佛教僧人三界智高僧（Nyanatiloka Mahathera, 1878-1957，俗名 Anton Walter F.Gueth）學坐禪與佛教哲學，後者為其取法名 Brahmacari Angarika Govinda。不久他又離開斯里蘭卡，前往緬甸和印度。

　　一九三一年，到達大吉嶺，因遇一場春季雪災而入位於 Ghoom 的一座喇嘛廟中避難。於此遇格魯派喇嘛卓木格西活佛（Gro mo dge bshes rinpoche），受其灌頂。高文達喇嘛視此為其一生中最關鍵的時刻，稱卓木活佛賜予他的灌頂，是他生命中最深刻的精神刺激，為他開啟了通往西藏之神秘宗教的大門。並鼓勵他將他由此而得到的知識和經驗傳給別人、傳給整個世界。令人難以置信的是，此時的高文達喇嘛並不懂藏語，他與其上師的交流或者靠一位曾在北京為著名的俄國學者鋼和泰（Staël-Holstein）先生當過助手的蒙古格西土登喜饒的

23　高文達喇嘛自傳《白雲之路：在西藏的一位佛教香客》（The Way of the White Clouds: A Buddhist Pilgrim in Tibet），Boston: Shambhala Dragon Edition, 1988.

24　一說他於1896年生於德國的Waldheim，見《白雲之路》Peter Matthiesen序。

25　一作The Fundamental Ideas of Buddhism and Their Relation to the Concept of God，今已不存。

口譯，或者靠各自的意會。高文達向其上師所請之法，也都是不可為外人道的實修經驗，而不是什麼書本的理論，因為對於後者高文達自己早已是行家裏手了。[26]

　　一九三二年，高文達喇嘛往位於西藏西南部的岡底斯山朝聖，後在大詩人泰戈爾創建的 Patna 和 Shantiniketan 兩所大學內任教，開始在加爾各答佛教協會會刊《大菩提》（Mahabodhi）以及其它各種靈智學的刊物上發表文章。他在 Patna 大學的講座，後結集出版，題為《早期佛教哲學的心理學態度》（The Psychological Attitude of Early Buddhist Philosophy），而他在 Shantiniketan 所作的講座則結集為《佛塔的心理——宇宙象徵》（Psycho-Cosmic Symbolism of the Buddhist Stupa）一書出版。當他在 Shantiniketan 大學任教時，結識了一位名 Rati Petit 的錫克裔女子，兩人於一九四七年成婚，高文達為其取法名 Li Gotami。於三〇年代，高文達創建了一系列宗教組織，如國際佛教大學協會（International Buddhist University Association）、國際佛教科學院協會（International Buddhist Academy Association）、聖彌勒壇城會（Arya Maitreya Mandala）。一九四二年，儘管高文達持英國護照，但仍被英國人投入監禁，長達五年之久，其原因據說是因為他與尼赫魯、泰戈爾等印度民族獨立運動的領袖相熟。後者曾出資幫助也是畫家的高文達展覽他的作品。與他一起遭監禁的還有後來因著作《西藏七年》（Seven Years in Tibet）而聞名世界的奧地利登山健將 Heinrich Harrer 和《佛教坐禪之心》（The Heart of Buddhist Meditation）一書的作者 Nyanaponika Mahathera。

　　據稱，一九四七年印度獲得獨立後，高文達喇嘛便加入了印度籍。一九四七年和一九四八年，高文達和其夫人應印度《圖片周刊》

---

26 詳見《白雲之路》，第32-40頁。

（Illustrated Weekly of India）之請，往西部藏區拍攝在察布讓和托林的一些著名寺院。他們當時所拍攝的那些照片一部分收錄於高文達的自傳《白雲之路》中，一部分則揭載於 Li Gotami 自己的《圖片西藏》（Tibet in Pictures）一書中。在旅途中，高文達喇嘛遇到了一位來自策覺林寺名阿覺日巴的活佛，隨其獲噶舉派之灌頂，儘管他從沒有交代他從這位活佛那兒究竟獲得了噶舉派的什麼教法，但從此他又自稱為噶舉派的傳人。高文達自己常常如此描述他的身份：一位歐洲裔的印度人，佛教信仰屬於藏傳的一支、相信人類的同胞之情（an India National of European descent and Buddhist fath belong to a Tibetan Order and believing in the Brotherhood of Man）。這樣的身份使他終年穿著他自己設計的藏袍的身上帶上了一圈神秘的光氳。

　　從西藏返回後，高文達喇嘛及其夫人便作為伊文思的房客在錫金安家。整個六〇年代，他們在 Kasar Devi 的家成了到東方尋找精神寄託的西方人的必經之地。一九六六年，高文達喇嘛出版自傳《白雲之路》。其生命的最後二十年則多半在歐美各大學內巡迴講演。一九八一年，他出版了自認為是他生平最重要的一部著作《易經的內在結構》（The Inner Structure of the I Ching），他寫作這部著作的動因是，「我們已經聽到了許多中國和歐洲的哲學家、學者對這部著作的想法，而沒有人問到《易經》本身有什麼可說的」。他想通過他的研究來補救這種狀況，可他根本就不懂漢文，不知他的這份雄心從何而來？又何以能夠實現？高文達於一九八五年謝世，其生命的最後幾年，住在由三藩市禪學中心所提供的位於 Mill Valley 的一所房子內。[27]

　　於西方大多數對藏傳佛教有所瞭解的人來說，高文達喇嘛曾經是

27 關於高文達喇嘛的生平傳說的成分很多，比較可靠的傳記有 Ken Winkler，《行程萬里：喇嘛高文達傳》（A Thousand Journeys: The Biography of Lama Angarika Govinda），England Books, 1990，見羅培慈教授上揭書，第59-61頁。

一位公認的大師，一位至高無上的權威。除了他的自傳《白雲之路》曾讓成千上萬對東方神秘智慧充滿憧憬的西方普通讀者著迷外，他於一九六〇年出版的專著《西藏密教之基礎——據大密咒六字真言之甚深密意》（Foundations of Tibetan Mysticism according to the Esoteric Teaching of the Great Mantra Om Mani Padme Hum），也曾令眾多從事西藏學研究的專家學者們傾倒，迄今一直是學習西藏宗教者必讀的經典。當今天有人告訴你，儘管據稱高文達喇嘛稍通藏文，在被英國人關押期間曾動手翻譯過一些藏文文獻，[28] 但他的著作實際上全是根據二手的資料東拼西湊出來的雜燴，沒有一本是他自己根據藏文原本翻譯、著作的，此時就好像是一座大廈忽然間呼喇喇地傾倒在你的眼前。

羅培慈教授以無情的事實將這位藏傳佛教在西方的重要代表請下了神壇。他指出，高文達喇嘛《西藏密教之基礎》一書的主要資料來源於《奧義書》（Upanishads）及 Swami Vivekananda, Arthur Avalon（即前面曾提及的 Woodroff）及大衛・妮爾等人的著作，特別是伊文思的 tetralogy。而他在《早期佛教哲學中的心理學態度》一書中所引述的巴釐文文獻，則源出於英國學者 Thomas, Caroline Rhys Davids, 以及他的老鄉三界智高僧的著作。他的《佛塔的心理——宇宙象徵》一書則整個是搬用了西方的資料。高文達喇嘛對西藏佛教所具有的權威竟然建立在二手的西方資料的基礎上，這實在是有點匪夷所思了！高文達喇嘛曾說過：「在古時候，只有語言上的知識，嚴格說來不足以使人成為一名名副其實的譯者，若沒有在此教法之傳統的和權威的解釋者足下修習多年的話，沒有人會去動手翻譯一本經書。更少有人會認為自己合格去翻譯一本自己就不信其所述教法的經書。」他對譯經的這種嚴肅認真的態度，無疑是後人應該效法的，只不知自稱皈依

---

28 此承德國西藏學學者Franz-Karl Ehrhard博士相告，謹表謝忱。

過不止一位德證兼具的西藏大德的他，自己為何不但沒有逐字逐句地
譯經，而且連一手的藏文書籍都懶得去翻檢，將自己天馬行空的鴻文
巨著建築在他人辛勤勞動所獲的成果之上。

　　高文達喇嘛為《西藏死亡書》所寫的導言並不很長，可伊文思對
它的評價則相當不低，他甚至說「對此書教法之甚深密義的解釋，沒
有能比（高文達喇嘛）在導言中所述寫得更加博學了」。從今天的眼
光看來，高文達喇嘛文中所述西藏歷史、宗教之背景知識多於對死亡
書之甚深密義的解釋。他花了不少筆墨來捍衛藏文伏藏文獻之真實
性，說明西藏原有宗教——苯教與佛教之異同。高文達喇嘛對《西藏
死亡書》的信仰和推崇基於這樣一個基本的認識，即有人借助入定或
其它瑜伽功夫，可將下意識的內容引入分別意識的境域之中，因而打
開了無限的潛意識記憶倉庫，即使得生命在這個宇宙之間成為可能的
每一種意識的以往記錄。這倉庫還儲存著我們前生前世的記錄，保存
著我們民族、人類以及人類前身的以往記錄。而《西藏死亡書》記錄
的便是東方瑜伽士對其前生前世所作所為的真實回憶。這樣的記憶不
能輕易打開，否則會使沒有足夠準備的心靈受不住而壓垮。所以，
《西藏死亡書》是由七顆沉默之印封鎖的書。不過，揭開此種密封的
時機已經到了，因為人類已經到了抉擇的關口：究竟是以臣服於物質
世界為滿足呢？還是以捐棄私欲、超越自我的限制，努力追求精神世
界適當呢？說到底該不該揭開封鎖《西藏死亡書》之印取決於西方社
會發展的需要，並不是生活在同一個時代的每個地區、每個民族都同
時面臨這一相同的抉擇。

　　值得一提的是，儘管高文達喇嘛在西方以藏傳佛教之代言人的地
位出現，但他本人對以《西藏死亡書》為代表的西藏文明的看法與伊
文思等靈智學派的代表人物的看法沒有什麼兩樣，在他的眼裏，「西
藏傳統於我們這個年代、於人類精神發展之重要性，全在於這樣的事

實，即西藏是將我們與遠古之文明連結起來的最後一個活著的紐帶。
埃及、美索不達米亞、希臘、印加和瑪雅的神秘崇拜已隨著其文明的
破壞而消亡，除了一些零星的散片以外，我們已永遠無法知其本來面
目了。印度和中國的古老文明儘管還很好地保存在他們古老的藝術和
文學中，仍然在現代思想的灰燼中時而冒出火星，但已被如此眾多層
不同文化的影響滲透、掩埋，如果不是完全不可能的話，至少已很難
將各種不同的成分區分開來，認出其原始真性」。[29]

今天常有人百思不得其解，為何在許多人眼裏顯得相當落後、不
開化的西藏與西藏文明，卻在貌似最發達、最先進的西方世界受到如
此的歡迎？實際上，早在一九六六年高文達喇嘛就對此作了明確的回
答：「為什麼西藏的命運在這世界上引起了如此深刻的反響？回答只
能有一個：西藏業已變成今天人類渴望的所有東西的象徵，或者是因
為它已經失落，或者至今尚未被認知，或者是因為它處在將從人類的
視野中消失的危險中：一種傳統的穩定性，這種傳統不只是植根於一
種歷史的或文化的過去中，而且也植根於二十世紀內最內在的人（the
inner most being of man）中間，於他們的深處，這個過去作為一種無
時不在的靈感源頭而被奉為神聖。但比這更重要的是：在西藏所發生
的一切對於人類的命運有象徵意義。就像是在一個巨大無比的舞臺
上，我們見證著兩個世界之間的爭鬥，按照觀眾的觀點，這種爭鬥將
被解釋為或者是於過去和未來、落後和進步、信仰和科學、迷信和知
識之間的爭鬥，或者是於精神的自由和物質的力量、心靈的智慧和頭
腦的知識、個人的尊嚴和群眾的本能、對人類經由內心的發展而能達
到的更高的定數的信念和對以商品生產不斷增長為特徵的物質繁榮的

---

29 高文達喇嘛，《西藏密教之基礎》，第13頁。

相信之間的爭鬥。」[30]由此可見，西藏是因為被用作西方世界之觀照物而變得如此重要的，而將西藏抬舉成為今天人類渴望的所有好東西的象徵的人，則恰恰就是一度曾在西方知識界、思想界呼風喚雨的 Blavatsky 夫人、伊文思、榮格和高文達喇嘛等人。

四　迷幻藥 LSD 和《西藏死亡書》

今天人們很少提起、也很難想像《西藏死亡書》曾經與目前人類所製造出的最強烈的迷幻劑 LSD，以及服用這種化學類毒品的西方嬉皮士結下了不解之緣。在一九六六年遭美國聯邦政府取締以前，LSD 曾是西方廣泛流行的迷幻劑，據稱，只要服用萬分之一公克的 LSD，服用者就會長時間陷入從未體驗過的驚奇幻想世界中，這個幻想世界不像夢境一般是一個完全與現實脫離的世界，而是一個幻想與現實相互混合的世界。這種化學毒品不僅受到當時對現實世界極度厭倦、尋求在幻想世界中獲得精神解脫的嬉皮士的青睞，而且也吸引了不少致力於探尋人類內在意識之極限的自然科學家。不少人不惜以自己做實驗品，體驗服用這種迷幻劑的效果，結果證明借用這種 LSD 的威力，人們可以發揮意識之無窮潛能，喚醒所有往生的記憶，直至追溯到幾千年前的先世生活，並遭遇瀕死經驗。[31]

在這類科學家中間，有三位在美國哈佛大學從事與 LSD 及其它迷幻藥有關的實驗課題研究的博士，Timothy Leary、Ralph Metzner

---

30 高文達喇嘛，《白雲之路》前言。

31 參見立花隆，《瀕死體驗》，吳陽譯，臺北：方智出版社，1998年，第559-566頁；Martin A.Lee和Bruce Shlain，《幻夢：LSD的社會全史——中央情報局，六十年代及其它》（Acid Dreams: The Complete Social History of LSD-The CLA, the Sixties, and Beyond），Grove Press, 1986; Jay Stevens，《激盪的天堂：LSD和美國夢》（Storming Heaven: LSD and the American Dream），Ground-wood Books, 1998.

和 Richard Alpert 發現，服用 LSD 之後所得幻覺，特別是瀕死景象，與《西藏死亡書》中所描寫的死亡過程有驚人的相似之處，於是他們三人合作將伊文思編譯的《西藏死亡書》改寫成了一本服用 LSD 等迷幻藥的指南。此書名《迷幻經驗：據〈西藏死亡書〉而作的指南》，首次出版於《西藏死亡書》首次在西方問世之後三十七年的一九六四年。雖然 LSD 在此書出版後不久就被美國聯邦政府作為禁藥取締，但這三位博士在得不到學術鼓勵的情況下，繼續他們的這項研究工作。

Timothy Leary 曾是哈佛大學的心理學教授，因堅持從事迷幻藥研究和實驗而被革除教職，曾被當時的美國總統尼克森稱為「美國活著的最危險的人」。[32]但自六〇年代迄今，Leary 博士在民間一直極受歡迎和尊敬，被稱為「美國意識的英雄」「二十世紀最有想像力的天才之一」「二十世紀的伽利略」等，是一位著名的社會變革的活動家和美國反文化運動的精神導師。據稱他晚年居洛杉磯比佛利山莊，家中常常高朋滿座，著作《為瀕死者設計》一書，教人如何幸福地死亡。[33] Leary 的合作者之一 Metzner 博士在六〇年代幫助 Leary 建立 Psilocybin 研究課題，後來也離開了哈佛大學，為三藩市加州整合研究學院（California Institute of Internal Studies）的教授和心理治療醫師。

他們合作撰寫的這本關於迷幻經驗的著作在全世界廣泛流傳。自一九六四年八月首版，至一九七二年五月間重印了九次，以後又分別在一九七六年、一九八三年、一九九二年和一九九五年四次出版了平

---

32 參見其自傳《倒敘：一個時代的一個個人和文化的歷史》（Flashbacks: A Personal and Cultural History of an Era），by Timothy Leary and William S.Burroughs, JP Tarcher, 1997.

33 Design for Dying，Timothy Leary, Timothy C.Leary, R.U.Siriu (Introduction), Harpercollins, 2000.

裝本。至今一九九五年平裝版也告售罄。它也曾被譯成其它文字出版，德文版於一九七五年在荷蘭阿姆斯特丹出版。[34]最近，Leary 還和 Metzner 合作出版了《迷幻的祈禱者與另類禪坐》一書，書中將《道德經》的部分篇章也改寫成服用迷幻藥的指南。據稱 Leary 於一九六五年訪問印度時坐在樹下冥想，思考《道德經》之真意，寫成了此書，但正式出版則是在二十五年之後，Metzner 為它寫了導言。[35]

　　《迷幻經驗》一書開宗明義說：「一種迷幻經驗是進入一種新的意識境界的旅程。這種經驗的範圍和內容都是無限的，它的典型特徵就是對語言概念、時空四維、自我和個人認同的超越。這種擴大了的意識的經驗可以通過不同的途徑出現，如感官的剝奪、瑜伽修煉、嚴格的禪坐、宗教的或美學的狂喜，或者自然產生等。最近以來，每個人都可以通過服用 LSD、Psilocybin、Mescaline 和 DMT 等迷幻藥來得到這種經驗。」[36]作者認為 LSD 等迷幻藥的發明是人類在目前這一關鍵的歷史時刻，第一次擁有可以為任何作好準備的志願者提供覺悟的手段，它可以打開人的心識，解放心識之普通型式和結構的神經體系。但藥品本身只是迷幻之旅的一個組成部分，同樣重要的是服藥前和用藥過程中的心理和精神的準備。因為這種迷幻經驗的性質完全受制於個人的準備和物質的、社會的和文化的外在環境。為了使志願服用這種迷幻藥的人作好個人的精神準備，並創造良好的外在環境，需要有一部著作能使人理解這種擴大了的意識的新的現實，並為這種現代科學所創造的意識的新的內在疆域提供路引。每個不同的探索者或可根據不同的模式——科學的、美學的和心理治療的——畫出不同的

34 Psychedelische Erfahrungen, Ein Handbuch nach Weisungen des tibetischen Totenbuches, Amsterdam，1975.

35 Timothy Leary, Psychedelic Prayers & Other Meditations, Ronin Publishing, 1997.

36 Leary等上揭書，第11頁。

路引，而作者自己則並不需要為此而創造一種新的心理和精神材料，大量有關禪坐的文獻正好適用於此，只要稍作改編即可。

於是，他們首先根據西藏的模式，將這個模式設計成教人如何來指引和控制意識，以達到能理解解脫、覺悟的境地，即完成用藥前的心理和精神準備。作者將《西藏死亡書》中描述的死亡、中有和再生等不同的階段，轉換成當時被稱為迷幻之旅（acid trip）的各個不同階段，將書中對瀕死者在這些不同階段中的各種指示，相應地改編成對服用迷幻藥者的技術指導。因此對於參加這種服用迷幻藥實驗的人來說，「如果在開始進入一次實驗之前，先將此指南念上幾遍，或者在實驗過程中有一個可信賴的人在一旁提示或喚起參與試驗者的記憶的話，意識就會從包含『個性』的遊戲中解放出來，從時常伴隨各種被擴大了的意識狀態的正、反幻覺中解放出來」。《西藏死亡書》一再強調的就是瀕死者自由的意識，只有通過傾聽並記住這種教法才能獲得解脫。[37]

Leary 和他的合作者們相信世界各種宗教中的瑜伽士和神秘主義者的經驗，從根本上來說是相同的，他們都是對宇宙的根本的和永恆的真理的認知，這些真理正在或將要被現代科學證實，而過去的聖者對之早已了然。這就是為什麼那些可追溯到四千年前的東方哲學理論很容易適應原子物理學、生物化學、遺傳學和天體物理學的最新發現的原因。而這些相同的經驗，今天可以通過服用迷幻藥來獲得。為了將《西藏死亡書》改寫成使用迷幻藥的指南，作者首先要使它脫離原來作為一種度亡經文本的傳統用途，而要達成這種改變則必須借助於其密義之借喻：「實際的身體死亡的概念只是一種為適合西藏苯教傳統之偏見而採用的外在表象。這本指南書絕不是教人如何處理靈魂已

---

37 Leary等上揭書，第12頁。

經出離了的臭皮囊的指南，而是一個對如何丟掉自我、如何打破個性進入新的意識境界、如何避免自我之非自願限制過程和如何使意識擴張經驗持續到隨後的日常生活中的詳細的記載。」[38]因此，《西藏死亡書》實際上是一部生命之書。

作者以崇拜和感激之情，將《迷幻經驗》一書獻給曾積極參與這種服用迷幻藥實驗的赫胥利（Aldous Huxey），並以對伊文思、榮格和高文達喇嘛三人的禮贊和評論作為本書的導言。全書主體部分分三大章。第一章題為《西藏死亡書》，是經過他們改裝的《中有聞解脫》，分別用他們自己的語言對三種中有作瞭解讀。第一臨終中有被他們稱為自我失落期或無遊戲狂喜（the period of ego losser non-game ecstasy）。在這個服用迷幻藥的第一階段，實驗者有機會直面現實，並因此而獲得解脫。解脫在這兒被定義為：「沒有心理──概念活動的神經系統」，因此能見到「未成型者的無聲的統一」。第二法性中有被稱為幻覺階段（the Period of Hallucinations），在這個階段出現的寂忿本尊之淨相也被重新命名為六日淨相，分別給以很特別的名稱。參與實驗者被告知不要被那些淨相、幻覺吸引或擊退，當靜靜地坐在那兒，控制住自己已經擴大了的意識，就像一臺影像變幻不定的多維空間電視機。第三受生中有被稱為再次進入時期（the period of reentry），作者並不把這個時期解釋為死者的靈魂受業力牽引再度轉生於輪迴六界中的一界的過程，而是將它作為在迷幻藥的作用開始減弱時，參與實驗者當如何「退出」（come down）的指南。

《中有聞解脫》中所傳密法的本來目的是「解脫」，是要脫離生死輪迴。而在《迷幻經驗》中所解釋的參與實驗者要達到的目的是要留在完美的覺悟階段，不返回社會遊戲現實中。不過，其中最先進

38 Leary等上揭書，第22頁。

者，必須回到六個「遊戲世界」中的一個。他們對佛教轉世教法的理解與西藏，甚至任何其它佛教傳統的理解都大相徑庭，這個西藏的指南書相信行者最終會回到六道輪迴中的一道中，即是說，重入自我可以發生在六個層次中的一個中，或者作為六種個性類型中的一種發生。其中的兩種高於普通的人類，另外三種則低於人類。最高、最明亮的層次是天界，西方人或許會稱諸天為聖人、賢哲或神師。他們是這個地球上行走的最覺悟的人，如佛陀喬達摩、老子和基督等。第二層次是阿修羅界，他們或可稱為巨人或英雄，是具有比人類更高一等的能力和見解的人。第三層次就是最普通的人類所居住的地方，他們在遊戲網路中掙扎，難得破網得一刻自由。第四個層次是野蠻、動物類轉世的世界。在這一類有情中，我們有狗和公雞，是妒嫉心和超常性力的象徵；有豬，是貪婪、愚蠢和骯髒的象徵；有勤勞善藏的螞蟻；有象徵低俗、卑躬屈膝之本性的昆蟲和蠕蟲；有在忿怒中突發的蛇；有充滿原始活力的猴子；有咆哮草原的野狼；有自由翱翔的鳥。還可以列舉許許多多。在世界上所有的文化中，人們都採用動物的形象作為認同。這是所有人在童年和夢中所熟悉的過程。第五個層次是精神失常（neurotics）、灰心喪氣、永無饜足的無生命的靈魂的層次；第六也是最低的層次是地獄有情或精神變態者的世界。在有超越自我之經驗的中間，最後成聖進入天界或者墮為精神變態者的人不足百分之一。而絕大多數人則重返平常人間。

《迷幻經驗》一書的第二章稱為「關於迷幻過程的一些技術性評論」（some technical comments about psychedelic sessions），是對服用迷幻藥的詳細的技術性指導，對用藥的時間、外在環境、參加人數、用量，以及充當指導者的素質等都作了具體的說明。作者告誡參加服用迷幻藥實驗的人在開始這種實驗以前，當仔細研究此書，在實驗過程中的某些合適的時刻也應該播放預先錄成的磁帶。Leary 在他《高

級牧師》一書中按時間順序記載了 LSD 遭政府取締以前在紐約一所豪宅中進行的六十次迷幻之旅，充當技術指導、被稱為高級牧師者幾乎都是當時文化界的名流，如 Aldous Huxley, Gordom Wasson, William S.Burroughs, Godsdog, Allen Ginsberg, Ram Dass, Ralph Melzner, Hustom Smith, Frank Barron 等。[39]

　　《迷幻經驗》一書的第三章是「在一次迷幻之旅中利用《西藏死亡書》的指南」（instructions for use during a psychedelic session），是對實際進行中的迷幻之旅提供指導，意在為參與這次迷幻之旅者提供足夠的精神保護。Leary 和他的合作者深信，科學和宗教之間的和諧現在業已成為現實。在人類的意識中有一種深層的結構，它超越時空，從不改變。在佛教文獻中所描述的各種意識的狀態實際上是佛教徒禪坐經驗的記錄。而支持這種在禪坐與服用迷幻藥的結果之間有一種結構性的相似性這一觀點的根本前提是，佛教與科學是相容的，科學家今天才開始發現的東西，佛陀在幾千年之前就已經知道了。坐禪的佛教行者早已發現了意識之最深層次的途徑，而科學家到今天才發明了化學的媒劑證實這種意識狀態的存在。

　　通過 Leary 等人的改編，《西藏死亡書》徹底脫離了作為度亡經的原來功能，而變成了一部指導人們如何在活著的時候就借助化學藥品的說明而擴大自己的意識能力，瞭解自己過往人世和今生以後的種種情況的書。於是，一部《西藏死亡書》實際上變成了一部生命之書。

五　佛教的心理學化和仲巴活佛新譯《西藏死亡書》

　　十九世紀時，西方學者曾就佛教究竟是一種宗教還是一種哲學這

---

39 Timothy Leary, Howard Hallis (Illustrator), High Priest, Ronon Publishing, 1995.

一議題展開了激烈的爭論，一個世紀後，西方人又嘗試將佛教稱為心理學。儘管榮格非常熱衷於東方的精神傳統，曾借助包括《西藏死亡書》在內的東方資源來發展他的心理分析理論，但他明確指出在東方沒有明確產生出類似於現代西方心理學的東西。[40]而四十年後，榮格的這種說法受到了嚴重的挑戰，佛教在西方被不斷地心理學化，佛陀釋迦牟尼被說成是人類已知歷史上最重要的心理學大師，[41]信佛和修佛的目的也從最終解脫生死輪迴變成對心理、精神健康的追求。

將佛教心理學化的始作俑者當推 Blavatsky 夫人。她聲稱人的本性是精神性的，因而讚賞一種精神的心理學，拒絕接受一切諸如試驗心理學一類的現代心理學，反對利用物理學的概念和程序來研究人類的精神活動。作為靈魂之科學，靈智學將佛教、西藏和心理學統一到了一種精神的話語（spiriual discourse）中。其次，榮格作為一名職業心理學家對佛教的推崇為佛教的心理學化注入了新的養分。儘管榮格的思想根植於浪漫的自然哲學和生機主義，但他在許多觀念上與靈智學派同出一轍。他一再強調亞洲宗教中有對心理之功能方式的深刻認知。他對亞洲宗教的興趣無疑影響了一代職業分析和形體心理學家，致使越來越多的亞洲宗教概念在現代西方心理學之專業術語中得到定義，一些亞洲宗教的修行方法如坐禪、修心等也逐漸成為西方人心理治療的工具而得到推廣。越來越多的西方人相信東方能為西方提供一種潛在的醫治精神創傷的方法。而最終在西方開設各種各樣的坐禪中心，正式將佛教修行方式作為心理治療的工具在西方加以推廣的是一批自二十世紀六〇年代末開始從印度移居西方的流亡藏族僧侶。這批藏族

---

40 Carl Gustav Jung, "A Psychological Commentary", Walter Y .Evans-Wentz, The Tibetan Book of the Great Liberation, Princeton, 1954.

41 Daniel Goleman，《論佛教心理學對西方的重要意義》（On the significance of buddhist psychology for the west），The Tibetan Journal, I, 2, pp.37-42.

喇嘛敏銳地感覺到了西方人對東方宗教所能提供的精神養分的渴望，及時把握時機，開出了一家又一家的坐禪中心，為尋求精神解脫的西方人提供了一個又一個理想的精神去處。在這批喇嘛中最早最成功的當推塔堂（Tarthang Tulku）和仲巴（Chögyam Trungpa）兩位活佛。

　　塔堂活佛來自西康寧瑪派寺院塔堂寺，其父為寧瑪派喇嘛，塔堂活佛自幼年被確認為活佛後，曾隨西藏四大教派的二十五位上師學法，博學多識，但以寧瑪派教法為身本所依。一九五九年逃往不丹、印度，再往錫金依宗薩欽哲活佛（Dzongsar Khyentse）為根本上師，繼續深造。一九六八年偕其法國埃及裔太太赴美國，次年即於加州柏克萊創辦美國第一所金剛乘公會──「西藏寧瑪派坐禪中心」（Tibetan Nyingmapa Meditation Center），公開授徒修行，做法事，並舉辦西藏藝術展覽、慶祝龍青巴尊者涅槃紀念、誦金剛上師咒等各種活動，使該中心迅速獲得發展。一九七二年，當代寧瑪派最著名的大師敦珠法王（bDud'joms Rinpoche）訪問該中心，為眾多弟子灌頂，並指導該中心弟子如何正確打坐。以後，這個寧瑪派坐禪中心逐步建立起許多分支機搆，如寧瑪學院（Nyingma Institute）、寧瑪鄉村中心（Nyingma Country Center）、正法出版社（Dharma Publishing）等，出版期刊《水晶鏡》（Crystal Mirror）。在塔堂活佛的眾多弟子中就有不少是職業的心理學家和心理醫生。塔堂活佛建立寧瑪學院的目的就在於弘傳寧瑪派有關心理學、哲學和實驗性的教法，他還專為這些心理學家和心理治療醫師開設了人類發展訓練項目（Human Development Training Programme）。[42]

　　仲巴活佛的經歷與塔堂活佛大致相同，他是來自今青海玉樹蘇莽

42　詳見Rick Fields，《天鵝是怎樣走進湖泊的：美國佛教史述》（How the Swans Came to the Lake, A Narrative Hisrtory of Buddhism in America），Boulder: Shambhala, 1981, pp.273-338.

鄉子曲河北岸的蘇莽德子堤寺（Zur mang bdud rtsi dil，譯言多角甘露頂寺）的第十一世仲巴活佛，該寺與子曲河南岸今囊謙縣毛莊鄉的蘇莽囊傑則寺（Zur mang nam rgyal rtse，譯言多角尊勝頂寺）相距六十公里，兩寺並稱為蘇莽寺，是玉樹地區政教合一的三大寺院之一，屬噶瑪噶舉派。[43]仲巴活佛全名噶瑪持教事業遍滿吉祥賢（Karma bsTan' dzin'phrin las kun mkhyab dpal bzang po），在西方則以 Chögyam Trungpa 知稱，大概是其法名法海（Chos kyi rgya mtsho）的簡稱。仲巴活佛在西藏完成了基本學業，一九五九年流亡印度，一九六三年至一九六七年入英國牛津大學深造，修藝術、比較宗教和心理學等課程。其後開始在蘇格蘭傳法，先在 Johnstone House Contemplative Community 教人打坐，後於一九六七年四月自建桑耶嶺西藏坐禪中心（Samye-Ling Tibetan Meditation Centre），旨在為弟子們提供一個可以閉關、學法、打坐的地方。

　　一九六九年五月，仲巴活佛在一次車禍中受傷，導致左半邊身體麻痺。據他自稱，這次車禍不但使他再次完全與佛智相連，而且最終切斷了物質世界的誘惑。他自覺再保持僧人的形象來處理面臨的各種情況已經是方便的失衡，故決定結婚還俗，以獲得力量繼續傳法。不意此舉在其西方弟子中引起不安，致使仲巴活佛不得不於一九七〇年一月結婚後不久便偕其妻子戴安娜遠走北美。先到加拿大的多倫多，然後越過加美邊境往美國佛蒙特州的 Barnet，建立第一個傳法中心「虎尾坐禪中心」（Tibetan Meditation Center at Tail of the Tiger）。緊接著仲巴活佛便四出傳教，擴大影響。同年六月，應邀在位於 Boulder 的卡羅拉多大學教課，一邊著書立說，出版《在行動中坐禪》（Meditation in Action, 1970）、《剖析精神唯物主義》（Cutting Through Spiritual

---

43 蒲文成主編，《甘青藏傳佛教寺院》，西寧：青海人民出版社，1990年，第323-324頁。

Materialism, 1973）等暢銷一時的作品，一邊建立起一個又一個坐禪中心。其中著名的有位於 Boulder 的噶瑪宗城市中心（Karma Dzong City Center）、岩山正法中心（Rocky Mountain Dharma Center）以及紐約、波士頓、洛杉磯等地的城市法界中心（Urban Dharmadhatu Center）。一九七三年初，仲巴活佛建立起一個遍及全美的傳法網路，取名金剛界（Vajradhatu），統一領導他在全美的傳法事業。一九八四年始，仲巴活佛又主持一家名為香跋拉的出版社（Shambhala Publications），專門出版有關西藏宗教、文化類著作。一九八七年四月，仲巴活佛圓寂於加拿大。[44]

　　據稱他的英年早逝與他貪戀杯中之物有直接關係，在他生命的最後幾年內雖仍廣轉法輪，但常常在上臺說法之前就已難以自持，不得不由弟子們抬上法臺。儘管如此，他所建立的一個又一個道場，留下的一部又一部著作，對藏傳佛教在西方的傳播所產生的影響實在是前不見古人，後難見來者的。嗜酒使許多才華橫溢的藏族知識分子在充分展現其聰明才智之前就過早地離開人世，這實在令人痛心扼腕。除了仲巴活佛和前面提到的達哇桑珠外，近現代另外兩位傑出的藏族史家兼詩人根敦群培和端珠嘉的異乎尋常的結局，也同樣令人痛心。

　　仲巴活佛在北美傳播西藏佛法取得巨大成功的一個重要原因，就是他將佛教當作與唯物主義相對立的精神之學介紹給他的西方信徒，並將以打坐為主的佛教修行方式當作一種心理治療的手段在其信徒中加以推廣。為此仲巴活佛寫作了一系列作品，其中他與 Francesca Fremantle 合作翻譯的《西藏死亡書》就是其中之一。此書於一九七五年為香跋拉出版社作為《淨光叢書》（Clear Light Series）的一種出

44　仲巴活佛赴美前的經歷有其自傳《生在西藏》（Born in Tibet，Chögyam Trungpa，the eleventh Trugpa Tulku，as told to Esme Cramer Roberts，Penguin Books，1971；關於他赴美後的經歷見Fields上揭書，第十三、十四章）。

版。Fremantle 在其前言中說：「值得注意的是，一些最能表達佛法大意的詞彙竟是當代心理學語言中的一部分，因為西方一些心理學學派的態度經常比西方的那些哲學和宗教學派更接近佛教。——諸如條件、思想之心理功能模式和無意識影響等概念，看起來比傳統的宗教詞彙更適用於本書。」[45]這大概也就是為什麼在美國的一批西藏傳教者似乎更容易與西方的心理學家，而不是西方的神學家或者宗教學家進行有成果的對話的原因。儘管譯者在其前言中表示他們重新翻譯這部《西藏死亡書》的初衷，是因為伊文思英譯本中有不少不正確的譯法和擅作刪改之處，且有過時之嫌；但顯然仲巴活佛此時重譯這部經典的目的，並不在於生產一部從樸學的角度來看比伊文思譯本更加紮實可靠的新譯本（整個譯文沒有一條注釋），而是在於用一套更適用於其當代西方弟子的詞彙來翻譯這本古老的經典，它的一個最突出的特點就是譯者有意將其文本心理學化，令對《西藏死亡書》的閱讀變成一種心理學的閱讀，以滿足他從心理治療入手，推廣西藏佛法的實際需要。正如仲巴活佛自己在其前言中所說，「此書乃是為使這寧瑪派的教法能被西方的弟子所應用而作的進一步的嘗試」。

　　與其以前或以後出現的各種譯本不同的是，仲巴活佛的這個譯本沒有冗長的注釋，僅有一個長二十九頁的釋論。這個釋論原是仲巴活佛於一九七一年夏天在虎尾禪定協會所講《西藏死亡書》時的講義，主要內容是教人如何在有生之年通過修行，證得《西藏死亡書》中所描述的種種淨相（或稱幻影，英譯為 projection）。仲巴活佛認為，當我們提到《西藏死亡書》的主題時就已經出現一個帶根本性的問題。若在神話和關於死人的知識方面，將《西藏死亡書》和《埃及死亡

---

45 Francesca Fremantle & Chögyam Trungpa，《西藏死亡書：中有大聞解脫》（The Great Liberation through Hearing in the Bardo），Shambhala: Boston & London, 1987, Introduction by Fremantle, p.xvi.

書》加以比較的話，則看起來將錯失這一點，即在此生中，生與死時常循環往復的根本原則。人們完全也可以把此書稱為《西藏的生書》，因為此書並不是奠基於平常人所理解的死亡這一概念之上的。它是一部「空間之書」（book of space）。空間即包括生和死，空間創造人們於此行動、呼吸和動作的環境，它是為此書提供靈感的帶根本性的環境。[46]

仲巴活佛的這篇釋論中通篇談的是神經官能症、妄想狂和無意識傾向等。他決意將《西藏死亡書》心理學化的證據隨處可見，例如在西藏文本中對死亡過程的一個早期階段，即地、水、火、風四大物質要素相繼消失作了描述。對此一個出自十八世紀的藏文文獻也有如下描述：「風力乃身體地之大種之基礎，當其漸漸消失時，它便消融於水之大種中，其外在的標識就是身體之力開始消失，是時人或曰：有人正在把我往下拉，這是說他正在沉入土中。同例當水之大種消失於風之大種時，其外在的標識就是嘴、鼻中的黏液（水分）開始乾枯，嘴唇變得乾裂。當火之大種消失於風之大種時，其外在的標識為身體的熱量自心之末端聚集，人之光澤開始喪失。風之大種消失於意識的外在標識為喘氣，自內在不平和的吸氣中發出一聲喘息。」[47]

在關於這些四大種相繼消失的討論中，仲巴活佛離開對死亡經驗的討論，解釋這種消融的過程在日常生活中每天都在發生。他說：「這樣的經驗時時都在發生。首先，物質的切實的品質、生存之邏輯變得模糊不清；換言之，你失去了物質的接觸。然後你自然而然地在一個更功能化的情形中尋求庇護，這便是水之大種。你讓自己相信你

---

46 Francesca Fremantle & Chögyam Trungpa上揭書，第1頁。

47 《祈禱於再生中得到拯救》（A prayer for deliverance from rebirth），載《實踐中的西藏宗教》（Religious of Tibet in Practice），ed.Donald S.Lopez, Jr., Princeton: Princeton University Press, 1997, p.451.

的意識仍然在活動。在下一個階段，你的意識已不再非常確定，到底
意識是否仍然活動如常，有些東西在其迴圈中開始停止動作。去產生
聯繫的唯一方法就是通過情緒，你試著想起你愛著的或者恨著的某個
人，或者很生動的某事，因為此循環中水的性質不再工作，所以愛和
恨的熾烈程度變得非常的重要。即使它漸漸消失於空氣之中，一種淡
淡的空的經驗依然還存在，所以你漸漸無法控制住你對你之所愛的執
著，不再能記得住你所愛之人。這整個東西顯得內中空空如也。」[48]
仲巴活佛還將輪迴六界讀解成「本能的六種類型」，每一種對輪迴界
的傳統的描述就是一種「人自己的心理學肖像」。因此，冷地獄完全
是拒絕溝通的侵襲。動物界則以缺乏幽默感為其特徵。這有關死亡的
一切徵兆和過程全在心理學的框架中得到瞭解釋。

六　新時代運動與索甲活佛的《西藏生死書》

　　一九九二年，西方出現了繼伊文思編《西藏死亡書》之後第二部
十分暢銷的《西藏死亡書》，這回是由一位居住於美國加州的西藏喇
嘛索甲活佛所寫的《西藏生死書》。此書一出即在全世界引起轟動，
好評如潮。它被譽為「一部精神的巨著」，說它「將西藏古老的關於
生死的智慧和現代對生死的研究以及宇宙的本性連結到了一塊」。中
文譯本更稱其為「當代最偉大的生死學巨著，一本最實用的臨終關懷
手冊」。其英文原版僅於美國一地銷售量在出版的頭五年中就達到三
十餘萬冊。其它文字譯本也相繼出籠，其銷售量難以統計。它的德文

---

48 《祈禱於再生中得到拯救》（A prayer for deliverance from rebirth），載《實踐中的西
　　藏宗教》（Religious of Tibet in Practice），ed.Donald S.Lopez, Jr., Princeton: Princeton
　　University Press, 1997，第4頁。

譯本於一九九三年問世，也曾是當年度的暢銷書之一。[49]它的中文譯本曾是一九九六年度港臺最暢銷的著作之一，在其出版的頭三個月間僅臺灣一地就銷售了七萬多冊，從一九九六年九月頭版印刷，到一九九八年一月已重印二百零五次，被稱為是當年最有影響力的作品，並榮獲佛教協會頒發的金獎。近年來，這部中文譯本的各種盜版亦開始在中國大陸廣泛流傳，讀者之眾可想而知。

索甲活佛何許人也？竟能在一個解構的時代創造出一部如此風靡世界的精神經典。簡言之，他是一位在西方生活了近三十年的藏傳佛教寧瑪派喇嘛。他的個人經歷與仲巴活佛甚為相似，他出生於西康，自幼被確認為曾為第十三世達賴喇嘛上師的伏藏師索甲活佛的轉世靈童，得以親近近代藏傳佛教「宗派圓融運動」的代表人物之一妙音智悲法慧上師（'Jam dbyang mkhyen rtse chos kyi blo gros, 1893-1959），受其撫育、栽培多年。後隨許多藏傳佛教寧瑪派的大法師學法，幾位當代特別是在西方最著名的寧瑪派大師，如敦珠法王、頂果欽哲活佛（Dilgo khyentse Rinpoche）及紐舒堪布（Nyoshul Khenpo）等都曾是他十分親近的上師，故通寧瑪派教法。一九七一年往英國，入劍橋大學攻讀比較宗教學。一九七四年開始在西方傳法，以「本覺會」（Rigpa）稱呼全球親近他修習大圓滿法的中心和團體，該團體遍佈世界各地，中心設在倫敦，以讓佛法跨越種族、膚色和信仰的障礙，盡可能讓所有有情聽聞為宗旨，有教無類，鼓勵西方信眾研究、修行。在倫敦「國際本覺會中心」內，除了開設佛法課程外，還探討各種當代學術，如精神治療、治療學、藝術、自然科學、生死學和臨終關懷等。

49 Sogyal Rinpoche, Das tibetische Buch vom Leben und vom Sterben.Ein Schlüssel zum tieferen Verständnis von Leben und Tod.Mit einem Vorwort des Dalai Lama, übers.aus Englischen von Thomas Geist, 1.Auflag，Bern/ München/Wien: Otto Wilhelm Barth Verlag，1993.

　　與仲巴活佛一樣，索甲活佛是兼通西藏傳統和現代西方學術的新一代藏傳佛教大師。正如達賴喇嘛在他為索甲活佛《西藏生死書》所作序言中所說的那樣，「他〔索甲活佛〕生長在西藏傳統中，跟隨我們最偉大的喇嘛參學。他也從現代教育中獲得益處，在西方居住和教學了許多年，對於西方的思考方式瞭若指掌」。達賴喇嘛認為，在對待生死的觀念上，《西藏死亡書》在西藏佛教和現代科學兩個傳統之間，提供了一個交會點，在理解和實踐的層次上，兩者都提供了相當大的利益。而索甲活佛是促成這種交會的最合適不過的人選。按索甲活佛自己的說法，他著作此書是在經過許多年來思索、教授和修習之後作的決定，本意在於寫一部新的《西藏死亡書》和一部《西藏的生命之書》，在於寫出他所有上師心法、教授之精髓。當讀者今天捧讀這部《西藏生死書》時，人人都會對索甲活佛對西藏和西方兩種精神傳統的精熟程度和他天才的寫作能力驚歎不已的。無論從哪方面看，他都實現了達賴喇嘛對他的期許和他本人的初衷，《西藏生死書》確是當今無與倫比的一部生死學巨著。

　　但不需要深究讀者即可發現，索甲活佛著作這部生死書時，他心目中的讀者絕不是他的藏族同胞，而是西方世界的芸芸眾生。毫無疑問，《西藏生死書》是傳統與現代的完美結合，具體說來是東方的、古代的、精神的西藏傳統與西方的、現代的、物質的歐美傳統的結合。在《西藏生死書》這箇舊瓶子內裝的是醫治西方現代文明的良藥。索甲活佛書中用力描述的西藏傳統，主要不是用來喚起依然生活在前現代社會的藏族同胞對其固有傳統的自覺和熱愛，而是用來教導生活在物質文明高度發達的現代西方世界中的有情，如何正確理解和處理生死大事的指南。與其說此書是一部西藏的生死書，倒不如說它是一部世界的生死書。

　　索甲活佛曾在一次討論西藏宗教與文化的會議上公開表示，西藏

已經失去了，所留下的只有它的智慧。即是說一個物質的、現實的西藏已經失去了，留下的只有一個精神的西藏，而這個精神的、智慧的西藏已經由索甲活佛等人帶到了西方，成了今天令西方世界為之心馳神往的香格里拉。從物質上講，以達賴喇嘛為首的流亡喇嘛失去了他們的家園，但從精神上講，他們得到了整個世界。今天依然生活在西藏的西藏人失去了他們自己的部分的精神導師，而整個世界卻有了一批以達賴喇嘛為首、日趨成為西方那些追求性靈和精神的解放，試圖在東方宗教中獲得神秘智慧的人的傑出的精神領袖。索甲活佛這部《西藏生死書》就是作為世界精神導師的西藏喇嘛奉獻給世界的一部絕好的精神經典，它的出現適逢其時。

　　正因為《西藏生死書》是傳統與現代的完美結合，所以索甲活佛的成功並非不可預料。與前述同類著作相比，索甲活佛此書有一個最大的優勢，即它是一部現代的創作，而不是一部古代經典的譯作。如前所述，伊文思翻譯的《西藏死亡書》雖然堪稱譯作之精品，但仍然需要繁瑣的注釋和權威的詮釋，才能為普通的西方讀者所接受。要將一部發現於十四世紀的藏傳佛教密乘經典翻譯、改造成一部當代西方普通讀者容易理解的現代生死書，若不說完全不可能，起碼應該說是一件難之又難的事情。因此，即使是由仲巴活佛這樣的權威翻譯的《西藏死亡書》也不可能成為風行世界的暢銷書。當今西方公認的藏傳佛教的權威學者之一、美國維吉尼亞大學宗教系教授 Jeffrey Hopkins，[50]也曾與當代藏族喇嘛學者 Lati Rinpoche 合作，出版過

---

50 Hopkins教授早年在哈佛大學就學，後皈依於一九五五年來美國新澤西傳播藏傳佛教的喀爾瑪克蒙古喇嘛格西旺傑（Geshe Wangyal），成為後者最著名的兩位西方弟子之一，另一位就是後文要提到的Robert Thurman教授。他與Thurman一樣於一九六三年離開哈佛，來到新澤西隨格西旺傑學法達十年之久。後入威斯康辛大學佛學研究研究生班深造，該研究生班是全美第一個佛學研究研究生班，創始人是Richard Robinson教授。Hopkins進校即與Robinson教授一起建立西藏之家，使學習藏傳佛教

《藏傳佛教中的死亡、中有和再生》一書，其主要內容是對格魯派有關死與死亡過程之著作的翻譯和解釋，雖然這部著作並非藏文原作逐字逐句的硬譯，而是相當靈活的意譯，很容易引起重樸學的學者的批評，但它畢竟是一部譯作，譯筆再靈活、流暢也不可以像索甲活佛一樣隨興所致，筆走龍蛇，上下、古今、東西，縱橫馳騁。因此，Hopkins 此書的暢銷雖也高達一萬四千餘冊，但絕不可望索甲活佛所著《西藏生死書》這樣一部世界級暢銷書之項背。索甲活佛在他的書中講述了他親身經歷的許多關於死亡的故事，特別是生動地描述了他對他在西藏所認識的上師及其死亡過程的回憶，借助這些引人入勝的故事來圖解常常給人以高深莫測之感的藏傳佛教經義，使讀者既享受讀小說的快感，又領受深刻的教誨，一舉而兩得。另外，《西藏生死書》中還隨意可見來源於世界各種文明、充滿智慧的格言、警句，也給此書增加了不少可讀性。

當然，索甲活佛的成功絕不僅僅是因為他用現代人喜愛的筆法生動地再述了來自西藏的古老教法。《西藏生死書》的現代性不只是體現在其寫作手法上，而且也體現在全書的內容中。實際上，索甲活佛的視野早已超越了「世界屋脊」。在他的書中大量地出現了原本可以說與西藏死亡學傳統完全無關的東西，像 Elisabeth Kuebler-Ross 關於死亡和死亡過程的著作、Ian Stevenson 有關顯示轉世之個案研究和 Raymond Moody 對瀕死經驗的研究等，在西方大名鼎鼎的西方現代

的美國學生有機會在這裏和來訪的西藏喇嘛一起學習。一九七一年，Robinson教授過世後，Hopkins來到達蘭姆薩拉，作博士論文研究。很快因其流利的藏語和對中觀哲學的精通而引起達賴喇嘛的注意。一九七二年，他回威斯康辛，獲博士學位，其博士論文Meditation on Emptiness後成書由波士頓智慧出版社出版，成為西方學生學習藏傳佛教的經典著作。一九七三年，Hopkins受聘為維吉尼亞大學宗教係教授，迄今為止的二十餘年中，他培養出了一批又一批的弟子，今天在美國大學內教授藏傳佛教的多半為他的弟子，其中包括羅培慈教授。

死亡學名著，都在索甲活佛的書中佔有一席之地。甚至巴西環保部長論環境的論述也被他引用來說明現代工業文明對環境的威脅。關於普通人死亡的記載，也穿插在米拉日巴、蓮花生及達賴喇嘛等著作中所描述的上師之死的場景中被娓娓道出。為了要表達他的某種觀點，索甲活佛通常不僅僅以援引藏傳佛教大師的著作為依據，而且也拉東西方大思想家、文學家的大旗，如蒙田（Montaigne）、布萊克（Blake）、利爾克（Rilke）、亨利·福特（Henry Ford）、伏爾泰（Voltaire）、愛因斯坦（Einstein）、羅密（Rumi）、沃德沃斯（Wordworth）等西方大家，以及像漢族的思想家老子、莊子及禪宗大師的言論，都曾出現在他的這部《西藏生死書》中。音樂神童莫札特的天賦也被他解釋為其往生的積纍。通過這種廣徵博引，索甲活佛的著作成了一部集世界生死學之大成的著作（a cosmopolitan eclectism），彷彿他書中所傳達的信息不只是一種藏傳佛教的傳統，而是一種普世的信息，一種萬古長青的哲學。與伊文思的《西藏死亡書》一樣，索甲活佛的西藏死亡書之所以如此地受歡迎，其重要原因之一是因為他們都將這部西藏的古代經典轉化成了一種非歷史的、普世的智慧。兩者不同的是，到了索甲活佛這裏，西藏文本本身已如此完全地化入了他自己靈活的安排之中，故它的譯文已不再、也不必照錄進去了。

　　索甲活佛有意無意地要將這種來自西藏的智慧置於一個屬於思想家所共有的全球性的、非歷史的精神體系中。因此，每當他提到當代某位受人尊敬的西藏喇嘛時，就會自然地想到這位喇嘛或許可與西方的某位思想家並駕齊驅。索甲活佛自己的認同實際上也不再是一位傳統意義上的藏傳佛教高僧，而是一位西方新時代運動中的先鋒和導師。就像伊文思的《西藏死亡書》是他與藏族上師達哇桑珠合作的結果一樣，索甲活佛的這部著作也非他一人的傑作，而是與 Patrick Gaffney 和 Andrew Harvey 兩位性靈類暢銷書作家合作的結果。按照

此書封面上的說法，這兩位西方作家只是索甲活佛此書的編輯，可事
實上他們倆對於此書之成功的貢獻或可比伊文思對達哇桑珠喇嘛所譯
《西藏死亡書》的貢獻。索甲活佛個人的實際身份更接近於他的這兩
位合作者，即性靈、精神類暢銷書作家。他的這部《西藏生死書》名
義上是西藏的，實際上是世界的，寫在書脊上的作者的藏文名字，只
是為這部具有世界意義的生死書平添了一圈耀眼的光輝。

　　索甲活佛此書與伊文思的《西藏死亡書》在許多方面都有驚人的
相似之處，他們都是為西方那些為獲得精神解脫而尋尋覓覓者所作，
都屬於傳播一種普世的信息，這種信息曾為所有文化傳統中有神秘智
慧者所知，但只有在西藏得到了最完美的保存。這兩部書都提到了將
這種教法傳達給處在危機中的現代世界的迫切性，現代世界雖富有外
在的知識，但已被剝奪了古老的內在科學。與伊文思、仲巴活佛等一
樣，索甲活佛也提出了他自己對佛教有關轉世學說的理解。儘管他承
認再生、轉世這一領域，實際上已經超出了我等受業緣限制者的視野
所能感知的範圍，但他對佛教所說的所謂六道輪迴在我們這個世界上
如何被設計和明朗化的方式很感興趣。他在《西藏生死書》中對輪迴
中六界的極為形象、現代的描述，很可以代表他全書的風格，他說：
「天界的主要特徵是此界內完全沒有苦難，有的只是永恆不變的美麗
和縱情聲色的喜樂。設想諸天乃身材高大、頭髮金黃的衝浪高手，或
半躺在海灘、花園中，盡情地消受著燦爛的陽光，聽著他們自己隨意
選擇的任何種類的音樂，為每一種刺激而陶醉，他們酷愛打坐、瑜
伽、健身和其它各種自我完善的方式，但從不勞其心智，從不面臨任
何複雜、痛苦的境遇，從不領悟其真實的本性，他們是如此地麻木不
仁，以至於從不知道什麼才是他們真正的境況。假如加利福尼亞和澳
大利亞的某些地方作為天界躍上你的心頭的話，你或許還可見到非天
界〔阿修羅〕的有情每天在華爾街華盛頓和白廳的鬧哄哄的走廊內的

陰謀和敵對中賣力地表演，還有餓鬼道！哪兒有人類，哪兒就有他們存在，儘管極度富裕，但從無饜足，渴望著接管這家企業、那家公司，或者在對簿公堂時無窮無盡地表演他們的貪婪。打開任何電視頻道，你就馬上進入了飛天和餓鬼的世界。」大概是因為索甲活佛相信他的讀者會在有關六道輪迴學說的文字翻譯面前退縮，所以他將天界定點在加州，而將非天界定點在美國的東海岸。用如此形象和現代的語言來詮釋佛陀在兩千多年前確定下的六道輪迴理論，這實在是索甲活佛讓人佩服的天才發揮。

　　索甲活佛的《西藏生死書》可以說是曾於二十世紀七〇年代開始先在美國、然後在整個西方世界流行一時、以將東西方各種各樣思潮熔於一爐為典型特徵的所謂新時代運動（New Age Movement）的一部代表作品。若要追溯新時代運動的源頭，我們甚至在十九世紀的烏托邦社會主義運動中就可以找到它的影子。一八四三年，Ham Common 出版的英國社會烏托邦主義者的雜誌起名「新時代」。其後，英國新時代運動的先驅 Alice A.Bailey（1880-1949）與 Blavatsky 夫人一樣自稱從西藏人那兒得到精神感應，開始代西藏的智者向世人傳播福音。而就在 Bailey 向世人傳達的第一個福音中，她便宣告一個新時代的開始，即所謂魚座時代的結束和水人座時代的開始，在這個新時代中，人類的問題要靠精神高度發展的神仙、精靈或其派往人間的全權代表來統治。而這樣的神仙、精靈則來自西藏。新時代運動初期的發展實際上幾乎與前述靈智學會並行，他們的很多主張都與靈智學相同或相近，同樣反映了西方人尋求一種西方以外的文化、精神來作為醫治、改造西方文明的良藥的強烈意願。通過這些新時代運動先驅者的鼓吹，佛教一度在十九世紀末、二十世紀初，即所謂美國社會史上的鍍金時代（Gilded Age）相當流行，成為受懷疑主義、理性主義和科學信仰等種種思潮困擾、特別是因信仰與科學的衝突而產生精神危機的

西方知識分子的精神避風港。當時已有好幾萬人自稱是忠誠的佛教徒，還有更多的人也對佛教情有獨鍾，但這種對佛教的熱情很快轉變成對所有宗教之神秘性的普世觀念的追求，許多西方佛教徒開始將佛教的一些基本概念與亞洲其它宗教信仰中的同類概念比較、融合，甚至將傳統的佛教思想與從純粹西方資源中引導出來的信仰內容結合起來，於是形成一種綜合的、混雜的新的所謂優選〔折衷〕宗教（Eclectical Church），被認為是世界各大宗教的和諧的結合。這種熔世界各種宗教、信仰於一爐的新思潮，便是至今在西方仍然相當有影響力的新時代運動的主題思想。

西方一些另類的思想家（Alternative Thinker）、知識分子，自己將自己邊緣化，游離、異化於西方宗教、文化主流之外，將眼光投向邊緣、異類，以尋求一種與徹頭徹尾的「他者」的精神聯繫，以此來超越他們用來傳播其折衷教法的工具，故不固定在某個地點或個人，也不專意於一種外來的教法，不管是中國還是印度、不管是佛教還是道教、印度教，皆是西方的「他者」，因此西藏的《死亡書》和中國的《易經》《道德經》，都是新時代運動的精神經典。新時代運動給西方帶來的是一種銷售文化舶來品的超級市場，而不是某一種外來宗教、文化的專賣店。[51]羅培慈教授曾將隱藏在目前西方世界愈演愈烈的「西藏熱」背後的主導思想批評為「新時代東方主義」（New Age Orientalism），或稱「新時代殖民主義」（New Age Colonism），其典型的表現就是對現實的、物質的西藏的冷漠，和對莫須有的精神的、智慧的西藏的熱衷，這種以西方人自身的精神追求為出發點的「西藏

---

51 參見Frank J.Korom，《西藏與新時代運動》（Tibet und die New Age Bewegung）載《神話西藏：感知、設計和幻想》，第178-192頁；Robert S.Ellwood，《供選擇的神壇：美國非傳統的和東方的精神性》（Alternative Altars: Unconventional and Eastern Spirituality in America, Chicago），第11頁。

熱」,一方面把西藏抬高到了令舉世若狂的人間淨土——香格里拉這樣的位置,而另一方面則把一個現實的、物質的西藏一筆抹殺掉了。[52]

　　一直到六〇年代末、七〇年代初,塔堂、仲巴和羅桑倫巴(Lobsang Lhungpa)等西藏喇嘛相繼來到美國傳教以前,不管是在靈智學會,還是在新時代運動中,西藏只是一個時隱時現的影子、一種最具異國情調的光暈。而經過這些具有非常大的個人魅力和傳教熱情的西藏喇嘛們的努力,以及像高文達喇嘛這樣的西方弟子的推動,西藏佛教才真正開始在西方立足,並迅速發展。至八〇年代末,北美就已有一百八十四個藏傳佛教的教學和修行中心,從此來自西藏的聲音在新時代運動的外來文化大合唱中越來越嘹亮。特別是在新時代運動發展最盛的加州,西藏喇嘛的影響力與日俱增。而來自加州的索甲活佛出版的這部暢銷世界的《西藏生死書》,不僅本身是新時代運動以折衷主義為特徵的宗教文化的典型產物,而且也大大提升了藏傳佛教在新時代運動這股迄今不衰的文化思潮中的分量。

七　科學的死亡技術

　　一九九四年,又一部《西藏死亡書》的英文譯本在美國問世,譯者是鼎鼎大名的美國哥倫比亞大學宗教係宗喀巴講座教授 Robert Thurman 先生。該書被作為 Bantam 版《智慧叢書》(Bantam Wisdom Edition Series)的一種出版,列入該叢書出版的還有諸如《易經》《道德經》《薄伽梵歌》(Bhagavad Gita)、《五環之書》(The Book of Five Rings)一類的其它世界精神經典。

---

52 Donald S.Lopez, Jr.,《新時代東方主義:以西藏為例》(New Age Orientalism: The case of Tibet),Tibetan Review, XXIX, 5, pp.16-20.

　　Thurman 教授雖然目前是在大學教書的一介書生，卻曾有過相當不平凡的經歷和成就，以至於被《時代》（Time）周刊選為一九九七年度全美最有影響力的二十五人之一。Thurman 先生於一九四一年生於紐約，是一個地道的紐約客。自小蒙受「二戰」的恐怖陰影，又因事故而失去了一隻眼睛，故早知生之無常，開始精神的自我追尋。六〇年代初，年僅二十一歲的 Thurman 在新澤西遇蒙古喇嘛格西旺傑，一見便「目瞪口呆」，不僅「兩膝發軟」，而且「腹中不安」。一星期後，他便終止了在哈佛大學的學業，離開了新婚的妻子，搬到新澤西落戶，隨格西旺傑喇嘛學習藏語文和佛法。隨後的幾年內，雖然在格西旺傑的堅持下，Thurman 依然保持在家人的身份，但他過的生活則完全與學法苦行的僧人一樣。一九六四年，在印度佛教聖地、釋迦牟尼佛首轉法輪的地方 Sarnath，格西旺傑將他介紹給了達賴喇嘛。隨後，他到了西藏流亡政府所在地達蘭姆薩拉，隨紮雅活佛（Dagyab Rinpoche）、達賴喇嘛自己的經師林活佛（Ling Rinpoche）和達賴喇嘛私寺南傑紮倉（Namgyal College）住持羅桑敦珠（Khen Losang Dondrub）學法，也常常與達賴喇嘛本人見面。最後在達賴喇嘛和林活佛的主持下，正式剃度出家，成為藏傳佛教中的第一位西方僧侶。一年多後，Thurman 感覺已經完成了他在達蘭姆薩拉的使命，欲回美國嘗試在家過一種新的生活方式，將其精神追求所得與他的朋友、同胞共用。可當他身穿紅袍、光著頭頂回到美國時，感覺自己是在一個陌生國度中的陌生人，故若要實現自己普度眾生的初衷就必須改變自己的身份。於是他結婚還俗，生兒育女。他的長子名甘丹，乃未來佛彌勒之天宮兜率天的藏文名字，其長女名烏瑪，是印度女神的名字。如今他的這位女兒已是好萊塢的大名星了。

　　在經歷了這一段不尋常的精神之旅之後，Thurman 重返哈佛，學習亞洲語言、歷史、宗教和社會哲學。獲博士學位後，他先在 Amherst

學院宗教系任教，使該學院和哈佛大學一起作為全美第一所大學，曾
在達賴喇嘛於一九七九年九月首次訪美時享有接待這位未來的世界精
神導師的榮幸。其後，Thurman 出任哥倫比亞大學宗教系宗喀巴講座
教授至今，以研究、傳播宗喀巴大師的教法為己任。其代表作有《宗
喀巴之金論：西藏中心哲學中的理性和覺悟》[53]《藏傳佛教精華》[54]
和《內在的革命：生命、自由和對真正幸福的追求》等。[55]Thurman
曾是西方第一位正式出家的藏傳佛教徒，今天他仍自稱是「佛教居
士」（lay Buddhist），而傳媒則稱他為「美國的權威佛教徒」
（America's leading Buddhist），他不但是哥倫比亞大學的佛學教授，
而且還積極參與西藏獨立運動，是紐約「西藏之家」的創始人之一，
時常兼任達賴喇嘛在美國的非正式發言人這樣的角色，達賴喇嘛稱他
為他在西方的最老的朋友之一。不管是宗教徒、學術，還是從政治、
社會聲望等各種角度來看，Thurman 都享有其它西方人無與倫比的資
歷，是當今西方世界公認的最有權威的西藏和藏傳佛教專家。

　　可是，Thurman 是哥倫比亞大學的宗喀巴講座教授，他的研究專
長是格魯派的教法，他將格魯派創始人宗喀巴的生平和著作稱為西藏
文明的金字塔，他的教法「是一種關於精神技術的古老傳統，其一點
一滴都與現代物質技術一樣精緻」。宗喀巴領導了西藏的文藝復興，
從此「西藏佛教的精神合成已告完成」。而《西藏死亡書》是一部寧
瑪派的密法，與格魯派的著作相比，它既不清楚，又不系統，並不十

---

53 Tsong Khapa's Speech of Gold in the Essence of True Eloquence: Reason and
Enlightenment in the Central Philosophy of Tibet, Princeton: Princeton University Press,
1984.

54 Essential Tibetan Buddhism, San Francisco: Harper-San Francisco, 1995.

55 Inner Revolution: Life, Liberty, and the Pursuit of Real Happiness, New York: Riverhead
Books, 1998. 在此書的前言中，Thurman 對其精神追求的心路歷程作了自傳性的描
述。本文所記其生平事蹟即根據此前言中所述內容。

分重要。所以，Thurman 自稱他曾對自己是否應該動手重譯《西藏死亡書》猶豫再三，而最終促使他下決心去做此事的原因，是因為他瞭解到「瀕死之人需要某些比（伊文思、仲巴活佛等人的）那些譯本更清楚、更好用和更易接受的東西」。顯然，Thurman 的初衷實際上與他的前輩們無區別，無非是想通過自己的詮釋，使《西藏死亡書》這部古老的密法煥發新生，讓更多的西方同胞領受其無上密意。值得一提的是，在《西藏死亡書》的眾多英譯者中，Thurman 是唯一的一位沒有西藏喇嘛的直接幫助而單獨完成此書的翻譯的。他的資歷給了他足夠的自信和權威，可以獨立地完成這一艱難的工作。

Thurman 將《西藏死亡書》的藏文標題翻譯成《經由中有中的理解而自然解脫的巨著》（The Great Book of Natural Liberation through Understanding in the Between），這典型地反映出了他這部譯著的風格，它不是一字一句的直譯，而是方便西方讀者理解的意譯。Thurman 的大部分著作都採取這種風格，文字瀟灑，但難以分辨出哪些是宗喀巴的原意，哪些是他自己的發揮。與伊文思的譯本一樣，Thurman 此書中，他自己的評論和名詞解釋佔了一半的篇幅。評論部分包括諸如「西藏：一種精神的文明」「簡說佛教」「身——心情結」（The Body-Mind Complex）和「解脫的現實」等章節。而在名詞解釋中，Thurman 別出心裁地將業（Karma）解釋為「進化」，gotra 為「精神基因」，阿毗達磨為「光明之科學」（Clear Science），明妃為「天使」。他還將持明（vidyadhara）這一專指印度密宗大師的名稱，翻譯成「英雄科學家」（Hero Scientist），說他們是非唯物質主義文明的最核心的科學家（they have been the quintessential scientists of that nonmaterialist civilization）。

Thurman 專門選擇這類獨特的詞彙來翻譯這些佛教名詞，有其特別的用意。他的目的在於從科學的，而不是宗教的角度來解釋《西藏

死亡書》，甚至整個佛教。他認為西藏的文明是獨一無二的。當西方致力於對物質世界和外在空間的探索和征服時，西藏社會的導向是內在的，其產品就是一代代從事精神技術（密宗）研究的精神專家。這類精神專家成為最大膽的內在世界探險家（Thurman 稱其為「心理宇航員」〔psychnauts〕），他們「已經親自航行到了他們的社會認定最必須探索的那個宇宙的最遙遠的邊境，即意識本身的內在邊境」。作為這個社會的產品，《西藏死亡書》實際上不是在表述一種佛教的生死觀，而是從心理宇航員的研究中獲得的對死亡過程的一種科學的描述。西藏人對死亡的觀念一點也不比現代西方人對太陽系結構的觀念更富有宗教意義。事實上，佛教不是一種宗教，佛陀並沒有建立一種宗教，而是建立了一種教育的運動，在這種運動中現實自由地向任何沒有偏見的經驗敞開著大門。「他建立了教育和研究機構〔他人稱這類機構為寺廟〕，研究者在這些意識科學研究院中從事死亡、中有和轉世過程的研究，其研究結果保存於有關這個課題的巨大、連篇累牘的科學文獻中。」

　　Thurman 贊成存在轉世的說法，而反對那些「感情用事的虛無主義者」（emotional annihilationists）、「秘密遁世者」（closet cosmic escapists），以及那些為了捍衛他們空洞的信仰而教條主義地剔除人死後意識繼續存在的證據。他指出：「一種有滋養的、有用的、健康的信仰，當不會是發展一種死亡科學的障礙。要發展這樣的一種科學，探索者就應當考慮所有前人在這方面所作過的嘗試，特別是那些具有長期的發展和豐富的文獻的傳統。在所有這類傳統中，保留在印度—西藏傳統中的死亡科學大概是所有中的最豐富的一種。」為了說明西藏關於轉世之理論體系的科學價值，他與《西藏死亡書》以前的幾位譯者一樣，必須處理天界、鬼道和地獄是否存在的問題。與前人不同的是，他斷然否定六道轉生的隱喻、象徵意義，提出佛教的天堂和地

獄就像人間道一樣真實。「那些能夠記得他們自己前世生活的人，已經報導了（天堂與地獄的存在）確有其事。在進化海洋中的生命形態當要比今天在我們周圍所能見到的這一個小小的物質的星球上的物種數目多得多，這是很邏輯的道理。」在《西藏死亡書》的英譯者中間，伊文思和達哇桑珠喇嘛支持將轉生看作一種進化體系的密宗觀念，認為重返畜生道是不可能的；Leary 和他的合作者則將這種關於輪迴的比喻向前深推一步，認為《西藏死亡書》也可以被讀成是一部關於生命的書，可以被讀成是一部關於持續八小時的迷幻之旅的記載；仲巴活佛將輪迴道看成是心理的種種狀態，而索甲活佛則利用關於六道輪迴的討論來諷刺加州的衝浪好手和紐約的銀行家。只有 Thurman 看起來真的相信西藏人所信仰的東西，相信轉生不只是一個象徵，而是一個科學的事實。

Thurman 明顯的格魯派背景，在他對《西藏死亡書》的解釋中得到了充分的體現。他顯然是將這部寧瑪派的伏藏法當作一部格魯派的著作來解釋的。他對「死亡的日常準備」（Ordinary Preparations for Death）一節的討論，全不管寧瑪派有關此主題有大量的文獻存世，而且其中的一些也已經有英文的譯本，[56]而是完全以宗喀巴的《聖道三要》（Lam gtso rnam gsum）為根據。他對「特別加行」（Extraordinary Preliminaries）一節的討論，也同樣不以寧瑪派文獻為基準，而是以格魯派的標準說法為準繩。Thurman 自知這是一個問題，但他巧妙地以一種普世精神將它掩飾了過去。他說：「在不同的藏傳佛教宗派中存在有大量的密法，它們都是從印度大師的開創性著作中一脈相傳下來的。所有這些密法都是從超凡出世、普世之愛的覺悟精神及無我空性智慧之同一條道路中出現的。諸如大圓滿、大手印

---

56 David Germano，《瀕死、死亡和其它機會》（Dying, Death, and Other Opportunities），載《實踐中的西藏宗教》，第458-493頁。

和樂空無二等等，只是以不同的方式表現了獲得最完整的成佛境界這一目標的過程，這種不同只是概念的體系和術語的不同，而不是道、果的不同。」這樣，除了宗喀巴的觀點最好以外，一切密法都是相同的，其中的每一種都可以很有成效地適用於每一種情況。

為了概述簡單的專心打坐，Thurman 解釋說，觀想的對象當根據各人的信仰來選擇，「假如你是一名基督徒，則是基督的一尊聖像；假如你是一位穆斯林，則是一個聖字；假如你是一個俗人，則是一幅蒙娜麗莎、一朵花，或者一張地球的衛星照片」。不過，當你進入更高級的密法修行階段，則其它的各種傳統未免有所不及：「真正的薩滿知道解體的過程，知道神聖的聯盟和鬼神的作祟，並且常常發現一塊仁慈和信任的地面，就像是大慈大悲之主的地面。所有時代的修士們都曾實驗過靈魂之旅，其中有些人甚至可以在他們有用的著作中敘述他們的經驗。蘇菲教徒和道士給出了指令，維持著活的傳統。而由於西藏的傳統是一種系統的技術，是具有強大滲透力的覺悟，所以可為上述任何傳統中的任何精神追求者利用。與《西藏死亡書》的其它譯者不同，在 Thurman 眼裏佛教就是科學，因此完全沒有必要把這部藏文密法當作一種象徵來讀，並處心積慮地在佛教和科學之間尋求一種和解。Blavatsky 夫人及其追隨者努力以東方的宗教來回應以達爾文進化論為代表的科學的嘗試實際上毫無意義。將《西藏死亡書》抬高成一部內在的、科學的心理宇航學的經典著作，這是 Thurman 的天才發明，也是他譯注這部密法的基本出發點。

八　結論

佛法之傳，必資翻譯，歷觀自古翻譯之大家成百上千，然而以義譯經，譯論能比秦之羅什、唐之奘公者，寥寥無幾。翻譯之難，可想

而知。譯經需名物相對，言義相切，若非博通經論，善兩方之語言
者，無法為之。所以在藏文中譯師的另一個名稱為「兩種語言者」
（skad gnyis pa）。以羅什、奘公彌天之高，尚稱不易，今之譯者何其
易哉。古人對譯著優劣之評判，多集中在旨意和文辭兩個方面，若旨
意曖昧，則譯者會受「未盡文」之嫌，若文辭拙劣，則是譯者潤色之
失。而今人之翻譯，特別是東西方宗教、哲學類文獻的互譯，通常出
現一個比旨意、文辭更緊要的問題，即如何解釋文本之微言大義
（Interpretation）的問題。因東西方文化背景迥然不同，一字一句
的、機械的直譯，不但會使譯文詰屈聱牙，令人無法卒讀，而且也根
本無法全面傳達深藏於文本中的微言大義；就是相對比較靈活的意
譯，也仍然無法完全解決這種因東西文化之間的差異而造成的文本的
不可讀性。因此，對譯文作必要的解釋不但是應該，而且是必須。從
這個意義上說，翻譯的過程實際上是一種解釋和再創造的過程。可由
於東西雙方各有自己很深的文化積累，每個詞彙、概念都帶上很深的
文化烙印，因此譯者在翻譯過程中對每個詞彙、概念的選擇，實際上
都已經帶上了自己的某種價值評判，要完全將自身文化傳統的影響排
除在外，創造出一個十分客觀、真實的譯本幾乎是不可能的，哪怕譯
者是一位不但善雙方之語言，而且也通雙方之學問的高手。文本的翻
譯如此，對文本之微言大義的詮釋則更難做到客觀、真實，若以今
人、東人、西人之心，度古人、西人、東人之腹，從今人的現實需要
和思想觀念出發，對古人、他人的文本及其該文本所傳達的思想作隨
意、功利的詮釋，則難免穿鑿附會，所謂差之毫釐，失之千里也。

近一個世紀內，《西藏死亡書》在西方世界的經歷是東西方文化
交流史上一個很有典型意義的事例。對如何正確理解、吸收東方文明
之精華，以彌補西方文明之不足，至今仍然是西方知識界一個相當熱
門的話題。《西藏死亡書》在西方被一次次重新翻譯、詮釋的過程，

作為一個個案當能為致力於東西方文化交流者提供許多有益的借鑒。前述《西藏死亡書》之每一種英文譯本，都是西方某個特定時代的產物，都與西方某個特殊的文化思潮有緊密的聯繫。因此，雖然表面看來譯者的初衷多半是想為讀者提供一部更精確、更易懂的譯本，而實際上他們都是將這一東方的文本放在西方的語境中進行解讀的，他們利用翻譯、解釋這部來自東方之精神經典的機會，兜售各自對處理西方社會自身所遇問題的各種主張。他們在閱讀這部文本時常常離開文本本身，而指向了別的什麼東西，因此文本的譯文本身與他們長篇大論的評注比較起來，常常顯得無足輕重，最多不過是一個陪襯，甚至在 Leary 和索甲活佛的書中，文本本身的存在已經完全成為多餘。在西方譯者眼裏，《西藏死亡書》是一種密碼，要解讀這種密碼需要借助某個不可能與它同時出現，但比它更真實、更在前的文本，或者要把它當作另一種文本的諷喻來解讀。故對於伊文思而言，《西藏死亡書》的原本實際上是 Blavatsky 夫人的《秘密教法》，而對 Leary 及其合作者而言，《西藏死亡書》是為迷幻之旅（the paradigmatic acid trip）而寫的經典，到了仲巴和索甲兩位生活在西方的西藏活佛這裏，它又分別成了心理學的教條和新時代運動中的自助語言。宗喀巴講座教授 Thurman 更強使這部寧瑪派的伏藏法一變而為格魯派的一部樣板著作。

　　為了要揭露《西藏死亡書》這部文本的真實意義，每一位譯者都必須借助一些其它的東西才能來閱讀它，其結果是，每一部新的譯本嚴格說來都變成了一部新的《西藏死亡書》。若細細地揭露、研究隱藏在每一種《西藏死亡書》之英文譯本背後的社會、文化語境（context），則一部二十世紀西方社會文化史已自然地擺到了我們的面前。相反地，一部真正的西藏的、佛教的語境中解讀《西藏死亡書》這一文本的翻譯、評注本的出現，卻還尚待來者。

附：

《西藏死亡書》在西方的各種譯本目錄

《西藏死亡書》的各種譯本及其譯本的譯本，其數量之多已難以計數。羅培慈教授列出下列五種應時而生、影響力最大的譯本，稱之為五大轉世。按照時間順序分別是：

一、伊文思，《西藏的死書或中有階段的死後經驗》（Walter Evans-Wentz, The Tibetan Book of the Dead or the After-Death Experiences on the Bardo Plane, according to Lama Kazi Dawa-Samdup's English Rendering, 1927）。

二、Timothy Leary 等，《迷幻經驗：據〈西藏死亡書〉而作的指南》（Timothy Leary, Ralph Metzner, and Richard Alpert, The Psychedelic Experience, A Manual Based on the Tibetan Book of the Dead, Secaucus, N.J.: Citadel Press, 1964；此書德文譯版：Psychedelische Erfahrungen: Ein Handbuch nach Weisungen des tibetischen Totenbuches, Amsterdam, 1975）。

三、仲巴活佛等，《西藏死亡書》（Chögyam Trungpa and Fran-cesca Fremantle, The Tibetan Book of the Dead, Boulder: Shambhala, 1975）。

四、索甲活佛，《西藏生死書》（Sogyal Rinpoche, The Tibetan Book of Living and Dying, ed.By Patrick Gaffney & Andrew Harvey, Harper San Francisco, 1992）。

五、Thurman 譯，《西藏死亡書》（Robert A.F.Thurman, The Tibetan Book of the Dead, 1994）。

　　除此之外，尚有許多次一等重要的譯本，例如：

一、霍普金斯等譯注，《藏傳佛教中的死亡、中有和再生》（Death，Intermediate State，and Rebirth in Tibetan Buddhism，Commentary and translation by Lati Rinpoche and Jeffey Hopkins，Ithaca，N.Y.：Snow Lion Publications，1979，1985）。

二、羅珠喇嘛，《中有教法：死亡與再生之路》（Lama Lodroe，Bardo Teachings：the Way of Death and Rebirth，Ithaca，N.Y.：Snow Lion Publications，1982，1987）。

三、沐林，《死與死亡過程：西藏傳統》（Glenn H.Mullin，Death and Dying：The Tibetan Tradition，Ithaca，N.Y.：Snow Lion Publications，1986）。

四、柯恩，《西藏死亡書：死後大解脫》（The Tibetan Book of the Dead：The Great Liberation after Death），此為日本 NHK、法國 Mistral 電影公司、加拿大國家電影局（The National Film Board of Canada）聯合攝製的解釋中有教法的錄影片。

五、第十四世達賴喇嘛，《生之喜樂和平靜之死》（The Joy of Living and Dying in Peace，by His Holiness The Dalai Lama of Tibet，Harper San Francisco，1997）。

六、Jean-Claude van Itallie，《朗誦的西藏死亡書》（The Tibetan Book of the Dead for Reading Aloud，Berkeley，1998）。

七、Stephen Hodge 等，《圖解西藏死亡書：新譯與評注》（Stephen Hodge，Martin Board，Stephan Hodges，The Illustrated Tibetan Book of the Dead：A New Translation with Commentary，Sterling Publication，1999）。

此外，有四種德文的《西藏死亡書》的翻譯、研究著作也值得一提，它們是：

一、勞夫，《西藏死亡書之秘密教義：冥界和死後的遷移，東西比較和心理學釋論》（Detlef Ingo Lauf, Geheimlehre tibetischer Totenbuecher, Jeseitswelten und Wandlung nach dem Tod, Ein west-östlicher Vergleich mit psychologischem Kommentar, Freiburg: Aurum Verlag, 1975；此書的英譯本為 Secret Doctrines of the Tibetan Books of the Dead, translated by Graham Parkes, Boulder & London: Shambhala, 1977）。

二、達吉，《西藏死亡書》（Era Dargay, Das tibetische Buch der Toter, Bern-München-Wien, 1977）。

三、Dieter Michael Back，《佛教的冥界旅遊：所謂〈西藏死亡書〉的歷史語言學研究》（Eine buddhistische Jenseitsreise, dassogen-annte "Totenbuch der Tibeter" aus philologischer Sicht, Wiesbaden: Harrassowitz, 1979）。

四、Erhard Meier，《西藏死亡書中的靈魂之路指南》（Weisungen für den Weg der Seele aus dem tibetischen Totenbuch, Herderbue-cherei, 1987）。

坊間流傳的《西藏死亡書》，當然遠不止以上所列的這幾種，但這幾種本子無疑是流傳最廣的幾種。世間流傳的《西藏死亡書》，多半是它們的各種翻版、轉世。

本文寫成於二〇〇〇年初，在此後又有大量的《西藏死亡書》的新譯本陸續問世，這裏無法一一列舉，此僅舉兩部筆者認可

比較重要的新譯本如下：

一、The Tibetan Book of the Dead: The Great Liberation by Hearing in the Intermediate States.Karma-gliṅ-pa, Padma Sambhava, Gyurme Dorje, Graham Coleman, Thupten Jinpa, Bstan-'dzin-rgya-mtsho, Dalai LamaXIV. New York: Viking, 2006.

二、Luminous Emptiness: Understanding the Tibetan Book of the Dead by Francesca Fremantle, Shambhala, 2003.

第七章

妖魔化的西藏：殖民主義話語中的西藏形象

　　近年來東西方學術界對在西方流行已久、且依然陰魂不散的所謂東方主義的批評揭示，西方通常只是將東方當做一張螢幕，憑藉著這張螢幕他們可以設計他們對西方（Occident）自身的理解。不管是勝利地發現西方遠遠優越於東方，還是不無傷感地承認東方依然擁有西方早已不存在的魔力（Magic）和智慧，或者更經常的是左右搖擺在對東方的輕蔑和熱望之間，總而言之醉翁之意不在酒，他們口頭上談的是東方，可心底裏屬意的是西方，東方不過是他們用來發現自己、認識自己的工具和參照值。

　　西藏作為東方的一個組成部分，自然也不例外地被牽涉進這種東方主義的話語（discourse）之中。就像整個東方一樣，西藏在過去和現在都不是一個思想或者行動的自由主題。[1]西方發現、研究西藏的歷史凸現出其東方主義和殖民主義的學術本質。從西方人最初接觸西藏迄今的幾個世紀內，西方人實際上從政治、文化、社會、科學等不同的角度創造了一個又一個歷史上從未存在過、在將來也不可能出現的幻影西藏。只有將西方的西藏形象放在西方東方主義或殖民主義話語中來考察，才能理解西方對西藏的看法何以如此千差萬別，才能說

1　"Because of Orientalism the Orient was not (and is not) a free subject of thought or action." 語見薩義德（Edward Said），《東方主義》（Orientalism），New York, 1994.

清今天西藏何以成為西方人之最愛。總之，對西方發現、認識、丑
化、妖魔化或者神化、神話化西藏的歷史過程作一番考察，不僅能幫
助我們加深對由薩義德最早提出的東方主義傳統的理解和批判，而且
還能為我們認識今天西方流行的西藏熱的來龍去脈，進而認識在西方
這股西藏熱鼓譟下日益國際化的西藏問題的本質，尋求破除神話、理
性對話的建設性途徑提供一把鑰匙。

一　食人生番與文明曙光

　　由於自然的屏障和政治的原因，直到二十世紀八〇年代西藏對外
開放為止，真正成功地闖入西藏的西方人屈指可數。所以，西藏一直
是西方人可以展開幻想的翅膀自由地飛翔的地方。翻開幾個世紀來一
代又一代西方人關於西藏的一本又一本記載，我們讀到的絕不只是美
麗的神話。這兒同樣也有噩夢和謊言。西藏一會兒被捧上了天，一會
兒被打落了地。但不管是上天還是落地，西藏一直是一個被扭曲了的
與西方文化本身恰好相反的形象，西藏作為西藏——一個實實在在的
物質的、文化的實體——實際上從來沒有在西方得到真正的關心。西
方人發現、認識西藏的歷史表明，儘管他們今天將西藏視為一切美好
的東西的化身，但他們對西藏和他們對待其它東方國家和民族的態度
沒有什麼本質的區別。
　　一般說來人們對一個陌生民族的認識總是從這樣兩個方面開始
的：他們在哪些地方和我們不同？他們又在哪些地方與我們相類似？
並且從這兩個方面予以或褒或貶的評價。具體到西方對西藏的認識過
程，歐洲人首先接受他們熟悉的東西，例如藏人宗教生活與天主教教
會的某種類似。其次，他們對西藏與他們自己的不同點或者貶為愚
昧、落後，或者將他們作為那些在西方已經失落了的東西的化身而加

以褒揚。與此同時，西方西藏形象的形成還深深植根於傳統的亞洲與歐洲相對立的兩極之中。歐洲將自己定義為理性的、啟蒙了的、明智的、善討論的、主動的、科學的、民主的等等。而亞洲則正相反，是非理性的、未啟蒙了的、重感性的、他們對對立面聽之任之、被動內向。政治上獨裁專制，只有絕對的暴君和俯首貼耳的臣民。而西藏的神權統治在歐洲人眼裏自然而然地成了中世紀的殘餘。在東方與西方（West and East, Occident and Orient）之間被歷史性地、而非理性地建立起了一種兩極對立的關係，一種聖潔的和被玷污的、根本的和派生的、神聖的和妖魔的、好的和壞的對立關係。這種兩極對立的遊戲在西方認識西藏這個具體實例中表現得淋漓盡致。[2]

　　一八九五年至一八九九年間在西藏旅行、受盡命運折磨，失去了兒子和丈夫的加拿大女醫生、傳教士 Susie Rijnhart 的遊記《與藏人在帳篷和寺廟中》中我們讀到這樣的文字：「沒有什麼比有些西方人所相信的喇嘛是具有超凡的身體和精神天賦的高級生物離事實更遠了。與此正相反，他們在知識上僅與孩童相似，為在生命最表層出現的情緒所支配。整整四年，我們生活在不同地區、不同部落的西藏人中間，可從沒有碰到過一位喇嘛，和他可以談談一些最基本的關於自然的事實。絕大多數的喇嘛與所有未曾接觸過基督教教育的啟蒙的、振奮精神的影響的其它教士一樣無知、迷信、精神發育不全。他們生活在黑暗的時代，可他們自己是如此地愚昧，竟對這種黑暗蒙昧一無所知。十個世紀來，佛教將他們帶入了現在這種道德和精神上的停滯狀態。很難相信除了基督的福音以外還有什麼力量能給他們以生命和

2　"Because of Orientalism the Orient was not (and is not) a free subject of thought or action." 語見薩義德（Edward Said），《東方主義》（Orientalism），New York, 1994, 第38-39頁。

真正意義上的進步。[3]

差不多同時，首次嘗試整合西方哲學與東方神秘主義宗教的神智學派（Theosophy）的代表人物、自稱在西藏隨神秘的大士學法三年，但實際上從未涉足雪域的 Helena Petrovna Blavatsky 夫人卻在她的《西藏教法》中提出了截然不同的看法：「宗喀巴的一個預言正在西藏得到應驗：真正的教義只有在西藏免遭西方民族入侵的前提下才能保持其純真，因為西方民族對基本真理的那些粗魯的觀念將不可避免地使佛教的信徒感到迷惑和糊塗。但是，當西方世界在哲學這個方向更加成熟時，智慧之瑰寶、大喇嘛之一的班禪活佛的轉世將光臨，那時真理的光輝將照亮整個世界。而我們手中則掌握著打開西藏這座獨一無二的寶庫的真正鑰匙。」[4]

儘管文字、描述的方式千差萬別，可幾個世紀以來西方人對西藏的基本看法則大致在這兩種截然不同的觀點之間忽上忽下地來回搗騰。而直到十九世紀末二十世紀初，在西方占主導地位的是一個妖魔化的西藏形象。

遠在西方人知道有西藏之前，西方就流傳著這樣的傳說，說在喜馬拉雅山地區有一個亞馬遜王國（理想國），那裏有會淘金的大螞蟻。這些傳說甚至被分別記錄在西元前五世紀成書的西方第一部偉大的歷史著作——希羅多德（Herodot）的《歷史》（Histiriesapodeixis）和西元二世紀成書的西方第一部偉大的地理著作——托勒密（Ptolemaeus）

3　Susie C.Rijnhart, With the Tibetans in Tent and Temple, New York: Fleming H.Revelt，1901, p.125. 關於她的生平和在西藏的經歷見Peter Hopkirk，《世界屋脊的入侵者》（Trespassers on the Roof of the World, The Race for Lhasa），London: John Murray 1982, pp.137-158: The Nightmare of Susie Rijnhart.

4　H.P.Blavatsky，《西藏教法》（Tibetan Teachinfgs），in Collected Writings 1883-1884-1885, Los Angeles: Blavatsky Writtings Publication Fund, 1954, 6: 105.

的《地理》（Geografike hyphegesis）中。[5]在希羅多德《歷史》的第三
卷有一章專門敘述最邊緣地區部族的歷史，其中談到在印度的北部有
一個部落，那兒奇怪地生長著一種巨大的螞蟻，他們在修築他們的地
下住宅時將含金的沙子堆積起來。早晨有淘金者來到這裏，他們貪婪
而又急迫地偷運盡可能多的金沙，然後趕緊逃跑，因為那些巨大的螞
蟻嗅覺極其靈敏，它們會因聞到人的氣味而起來襲擊那些偷沙的盜
賊。這個傳說大概是西方人至今相信西藏有大量黃金儲藏的由來。有
意思的是，這樣的傳說我們竟然也能在後出的像《拉達克王統記》這
樣的藏文編年史中見到。

在托勒密的《地理》中，我們可以見到一個 Hai Bautai 的部落，
和一條名為 Ho Bautisos 的河流。人們相信，Bautai 這個字來源於印
度語的 Bhota，它從古到今都是印度語中對西藏的稱呼，它的本源當
是西藏人自稱的 Bod。因此那條被稱為 Bautisos 的河流也當就是指西
藏的雅魯藏布江了，後者在藏語中被稱為 gTsang po。令人難以置信
的是，托勒密著作中提到喜馬拉雅山區的紅銅色山，這是日後在西藏
流傳很廣的史詩和佛教傳說的情節。銅色山（Zang mdog dpal ri）是
印度來藏傳法的蓮花生大師的淨土的名稱，他從這兒向世人傳送其加
持力，英雄格薩爾王也常常上銅色山請求蓮花生大師給其以幫助和指
點。[6]對於這種有關西藏的傳說何以能在那麼古老的時代、如此神奇
地傳到西方，今天的專家、學者怎麼也找不出一個讓人信服的解釋。

5　Rudolf Kaschewsky，《二十世紀前西方的西藏形象》（Das Tibetbild im Westen vor
　　dem 20. Jahrhundert），Mythos Tibet: Wahrnehmungen, Projektionen, Phantasien, Köln:
　　DuMont 1997, pp.16-30.

6　Rudolf Kaschewsky，《托勒密和蓮花生的銅色山》（Ptolemaeus-und der kupferfarbene
　　Berg Padmasambhavas），Klaus Sagaster and Michael Weiers, Documenta Barbarorum,
　　Festschrift für Walter Heissig zum 70.Geburtstag, Wiesbaden: Otto Harrassowitz, 1983,
　　pp.218-224.

　　蒙古人建立的貫通區文亞的大帝國使中西交通進入了一個前所未有的新時期。蒙元時期來華的許多西方傳教士和商人將它們在中國的所見所聞，添油加醋地告訴他們那些渴望瞭解東方的同胞們，雖然他們的記載大部分是他們的親身經歷，使西方對東方的瞭解脫離遠古的傳說時代，但從他們留下的遊記中，我們仍不時讀到許多道聽塗說的內容，屬小說家言。特別是關於西藏的內容，大多數屬於傳奇性質，它們向世人傳遞的主要信息是，西藏是一個「食人生蕃」。

　　最早來到蒙古宮廷的西方人是意大利方濟各會傳教士普蘭諾·卡爾平尼（G.de Plano Carpini, 1180-1252），他根據其親身見聞寫下了歐洲第一部關於蒙古的報告《蒙古史》（Historia Mongalorum）。此書中有一段記載一支蒙古軍隊征服了一個叫做波黎吐蕃（Burithabet）的地方。這個地區的居民不但是異教徒，而且還有一種令人難以置信或者更正確地說是令人厭惡的習俗：如果某人的父親去世後，其屍身即由其兒子和所有的親屬分而食之。這一民族的成員下巴都沒有須毛，他們手戴一種鐵質器械，如果偶而有一兩根汗毛顯了出來，便用此器拔掉。這些人的帳篷格外簡陋。[7]這兒提到的所謂波黎吐蕃被學者們認為不是指今西藏，而是指大致位於庫庫諾爾以西地區的藏族部落。

　　幾乎相同的記載還見於一二五三年奉命出使蒙古的另一位方濟各派傳教士、來自法國的威廉·魯布魯克（William of Rubruk）的遊記中。魯布魯克直截了當地將西藏人稱為吃父母的部族。雖然他們已經拋棄了這種惡習，因為其它部族都討厭這種惡習；但他們依然將其父母的頭蓋製成精美的酒杯，以便在歡樂中不忘父母。與希羅多德的記載相類，魯布魯克也告訴他的讀者，西藏是一個充滿了黃金的地方，誰需要誰就可以去挖掘，但誰也不會貪婪地將它們藏在自己的箱

7　《伯朗嘉賓蒙古行記》，耿昇、何高濟譯，北京：中華書局，1985年，第50-51頁。

子裏。[8]

　　元朝來到中國的威尼斯商人馬可波羅（Marco Polo, 1254-1324）的《寰宇記》（Le divisament dou monde）中首次出現了 Thebeth 這個名字。他首先向他的同胞報告西藏人是偶像崇拜者，在西藏有令人恐怖的魔力，當地土著中有極為出色的魔術師可以呼風喚雨，幻化出種種匪夷所思的幻景和奇跡。還說西藏流行著一種可恥的習俗，婦女不但不守貞操，反而以能取悅於眾多的男人為榮；西藏人殘忍、奸詐，是世界上最大的強盜，西藏的麝香香飄四方，充滿整個雪域等等。儘管，馬可波羅的記載聽起來頭頭是道，可實際上這都是他道聽塗說來的，他自己並沒有到過西藏。[9]

　　與馬可波羅同時代的方濟各派傳教士鄂多立克（Odorico de Pordenone 1274/1286-1331）同樣也只在忽必烈汗的宮廷中碰到過深得蒙古大汗喜愛的西藏喇嘛，他在其遊記中提到了一位西藏喇嘛名叫 Papa，聽起來很像是拉丁語的教皇。這位喇嘛或許指的是元朝的帝師八思巴（'Phags pa）喇嘛。他也告訴世人，西藏有許多荒謬和可怕的風俗，其中之一就是天葬。兒子不但將其新近逝世的父親切碎了喂鷹，而且還要將他的頭煮熟了留給自己享用，並將頭蓋製成酒杯。[10]他的這些危言聳聽的故事同樣不是他親眼目睹的事實。

　　馬可波羅等人的遊記在西方引起了巨大的反響，雖然時常有人對這些遊記的真實性提出質疑，但對於大部分渴望瞭解東方的歐洲人而言，他們的好奇心得到了極大的滿足，因為他們首次讀到了由他們自

8　《魯布魯克東行記》，何高濟譯，北京：中華書局，1981年，第252-253頁。參見 William W.Rockhill, The Journey of Friar William of Rubruck to the Eastern Parts of the World, 1253-55, as Narrated by himself, London: Hakluyt Society, 1900, pp.145-146.

9　《寰宇記》通常被稱為《馬可波羅記》，有漢譯本四種，其中以馮承鈞於1963年根據沙梅昂法文譯注本翻譯的《馬可波羅記》最通行。

10　《鄂多立克東遊錄》，何高濟譯，北京：中華書局，1981年，第82-83頁。

己的同胞記錄下的他們在東方親身經歷的種種生動、離奇的故事。毫
無疑問，這些遊記向歐洲人傳遞的關於西藏的信息是相當負面的，西
藏首先是食人生番，是一個極其野蠻、落後的地方，其次西藏又是一
個極其神秘、充滿魔力的地方。有意思的是，歐洲人對這些信息的回
饋卻不都是負面的。不少人對西藏的種種在文明人眼裏毫無疑問是代
表野蠻的行為給以十分浪漫的解釋。大概是因為西藏是一個具有魔力
的地方，所以他的那些所謂惡習實際上並不是一種野蠻的表現，而是
一種高層次的文明，是一種哲學。比如，西藏人用人骨製成念珠，用
頭骨製成酒杯，這說明西藏人對死亡不陌生，而是將它一直擺在眼
前，這樣他們對凡塵俗世的興趣就不會如此熱烈。通過這些念珠和酒
杯，他們找到了一種對付肉欲和人生苦難的工具。這當然絕對不是野
蠻的，而是一種真正的哲學。從這裏，我們就明顯地看到了神話西藏
的端倪。

二　發現西藏和最初的宗教對話

　　第一個踏上雪域蕃地的西方人是葡萄牙的耶穌會士安德拉德
（Antonio de Andeade）。他本是一名初學修士，先在果阿傳教區學院
學習，後在葡屬印度耶穌會中飛黃騰達，被任命為莫臥兒領土上的省
會長。一六二〇年，他決定往西藏傳教。一六二四年，這位傳教士到
達了西部藏區察布讓（Tsabrang）地區高達五千四百五十米的瑪納穀，
受到古格王公接見，並被委任為古格王的法師。他決定在此建立常駐
傳教區，故將其同伴傳教士馬克斯留下，自己在逗留月餘後返回印度。
他將其所見所聞寫成報告從果阿送往歐洲，這份報告就是他的遊記
《大契丹或西藏王國新發現》，此書最初於一六二六年在里斯本出版葡
萄牙文原版，同年就有西班牙文譯本，第二年則有法文、德文、意大

利文、甚至波蘭文譯本相繼問世，此後又有拉丁文和佛拉芒文出版。
安德拉德筆下的西藏到處都是慈眉善目的喇嘛，就是在俗眾中間也難
聽到粗魯的話語。他們把一天的大部分時間用來祈禱，至少早晚兩次，
每次長達兩小時。寺院非常整潔，寺內四壁和天花版上都是圖畫。[11]

　　這位第一個到達西藏的歐洲人的報導在西方引起的反響十分強
烈，其遊記在短期內被譯成幾乎所有歐洲文字就是一個明顯的例證。
但同樣也有人將它和馬可波羅和鄂多立克的遊記一起說成是異想天開
的捏造，是謊言、鬼話。更重要的是，安德拉德的遊記為日後神話西
藏的出現打下了伏筆。他明明是第一個到達西藏的歐洲人，可他的遊
記卻被命名為對西藏的新發現，這本身就費人尋思。它表明安德拉德
的西藏之行沒有被認為是首次發現，而是再次發現西藏，因為他所發
現的實際上是他們失蹤了的朋友或兄弟。對於歐洲人來說，西藏一方
面是亞洲最難接近、最神秘、最陌生的地方，而同時它又是歐洲人唯
一能夠與之認同的亞洲民族，因為它對於歐洲人來說顯得異乎尋常的
親近。這種對西藏的感覺是歐洲的所謂集體無意識的一種原型：熟悉
的陌生人或陌生的兄弟的發現。這種對西藏的親近感更因為安德拉德
在書中明顯地表露出來的對西藏的好感和尊敬以及對穆斯林的露骨的
輕視而得到加強。為了對付他們眼前的異教敵人——穆斯林，歐洲人
一直幻想著能在遙遠的東方找到他們失蹤了的兄弟、一個強大的基督
教王國——約翰長老（Priest John）的王國。

　　十二世紀中，在歐洲出現了一封約翰長老從東方發出的信。這名
約翰長老在信中自稱他統治著整個龐大的印度帝國，其影響無遠弗

11　關於安德拉德的生平事蹟見Juergen C.Aschoff，《察布讓——西部西藏的王城，耶穌
　　會神父Antonio de Andrade的全部報導和對今日寺院狀況的描述》（Tsaparang-
　　Königsstadt in Westtibet.Die vollstaendigen Berichte des Jesuitenpaters Antonio de
　　Andrade und eine Besehreibung von heutigen Zustand der Kloester），München: Eehing,
　　1989.

屈。他是穆斯林的敵人，他將打敗他們，並將他們從他的神聖帝國中
趕出去。他的力量無可匹敵，他是「王中王」「主中主」，他之所以稱
為「長老」，是因為在他宮廷內服務的都是國王、大主教、主教、寺
院住持和其它達官貴人，他只有自稱長老才可表示他至高無上的地
位。在信中，他還催促拜占庭國瑪努埃爾一世趕快去他的宮廷內任
職。儘管這封轟動一時的東方來信很可能是某位富有想像力的歐洲人
的捏造，這位強大無比的約翰長老純屬子虛烏有，可從那時開始歐洲
人就一直相信在亞洲有一位基督教的牧師國王，在拜占庭帝國的東方
有一個基督教王國，盤算著有朝一日他們能夠找到這位約翰長老，並
與他聯合起來打敗他們的敵人穆斯林。幾個世紀以來歐洲人一直尋尋
覓覓，打聽著這位約翰長老的下落，關於他的傳說不下好幾十種。蒙
古帝國的崛起，曾給他們帶來希望，一度他們認定蒙古克烈部的頭領
王罕就是他們夢寐以求的約翰長老，或者直接將成吉思汗看成是約翰
長老。以後他們又認哈喇契丹的創立者耶律大石為約翰長老，因為他
於一一四一年打敗了 Sandschar 率領的一支穆斯林軍隊。也有人將達
賴喇嘛說成是約翰長老的。[12]因此，他們為他們在亞洲的極遠處找到
了他們熟悉的陌生人而高興是不難理解的。

　　繼安德拉德之後，西方的傳教士便斷斷續續地到達西藏，雖然人
數不多，但幾乎沒有中斷過。差不多一個世紀之後，意大利耶穌會士
Ippolito Desideri（1684-1773）來到了西藏。Desideri 是最早獲准在拉
薩居住的天主教神父，他於一七一六年三月到達拉薩，在拉薩一共住
了五年。他的遊記《西藏歷史記錄》（Notizie Istoriche del Thibet）既

---

12 詳見德國學者Ulrich Kneflkamp著《尋找約翰長老的王國》（Die Suche nach dem
　　Reich des Priesterkoenigs Johannes), Dargestellt anhand von Reiseberichten und anderen
　　ethnographischen Quellen des 12.Bis 17.Jahrhunderts, Gelsenkirchen: Verlag Andereas
　　Mueller, 1986.

記錄了他在西藏的歷程，也記錄了西藏的宗教和文化，是二十世紀以前歐洲人所寫的關於西藏佛教教義的最系統、最詳細的記載。[13]雖然他將西藏宗教說成是「錯誤的教派」，是「奇怪的宗教」，但他同時認為：「儘管西藏人是異教徒和偶像崇拜者，但他們所信仰的教法卻與亞洲其它的異教徒（指印度）不一樣。儘管他們的宗教確實來源於古代的興都斯坦，即今天通常所稱的蒙古地區，但隨著時間的推移，這種古老的宗教在那兒已經被廢棄，已經被新的寓言所取代。而在另一方面，聰明、富有想像力的西藏人廢除了這些信條中晦澀難懂的東西，只保留了那些顯然是包含了真理和仁慈的東西。」[14] Desideri 住在西藏的那些年裏，特別是他在拉藏汗的支持下於一七一七年住進了藏傳佛教格魯派三大寺之一的沙拉寺以後，十分刻苦、認真地學習、研究西藏佛教教法。他下了很大的功夫研究佛教的空性學說，並用藏文寫下了許多著作，一方面宣傳天主的福音，另一方面討論佛教教義與天主教教法的異同，力圖用他的博學和他對這兩種宗教認真比較後得出的結論說服那些同樣博學的喇嘛們改宗天主。在他的著作中有一部長達五百多頁的著作，與西藏的僧人專門討論佛教空性和轉世的理論，足見其佛學修養之深。[15]

---

13 此書見於L.Petech編，《在西藏和尼泊爾的意大利傳教士》（I missionaryItaliani nel Tibet e nel Nepal, Roma: 1954-56），卷5-7；此書的英文簡譯見Filippo de Filippi, An Account of Tibet: the Travels of Ippolito Desideri of Pistoia, S.J., 1712-1727, rev.ed., London: George Routledge & Sons, 1937.參見Donald S.Lopez, Jr.，《拜倒在喇嘛腳下的外國人》（Foreigner at the Lama's Feet），Curator of the Buddha - The Study of Buddhism under Colonialism, Edited by Donald S.Lopez, Jr., Chicago: The University of Chicago Press, 1995, pp.253-256.

14 De Pilippi, ed., An Account of Tibet, pp.225-226.

15 這部著作題為《白頭喇嘛Ippolito向西藏的賢者請教宿世和空性的見地》（Mgo dkar gyi bla ma I po li do zhes bya ba yis phul ba'i bod kyi mkhas pa mang la skye ba snga ma dang stong pa nyid kyi lta ba'i sgo nas zhu ba），至今仍收藏在羅馬耶穌會檔案館內。

　　儘管在 Desideri 關於西藏的報導和著作中充滿了對藏傳佛教的相當客觀和有深度的介紹和論爭，我們甚至完全可以把這種相遇用今天時髦的話語稱為跨文化的對話，而且這種對話的水準一直到二十世紀無人可及。可是，他的著作卻並沒有像一個世紀以前安德拉德的著作一樣一經寫成即風行於世，而是被束之高閣長達一個半世紀之久，直到一八七五年才被人重新發現。這實在不僅僅是 Desideri 一個人的悲哀，而是整個歐洲的悲哀。今天，跨宗教的對話成了時髦的口號，可Desideri 當年所達到的水準今天又有幾人可及。[16]

三　啟蒙時代的妖魔化西藏形象

　　啟蒙時代的歐洲曾經出現過所謂「浪漫的東方主義」，例如法國的啟蒙思想家對中國情有獨鍾，他們將一個士人階級對如此眾多人口的統治視為理想的典型。而德國的浪漫主義思想家則更偏愛印度，對於他們來說印度無疑是精神、智慧的淵藪。這股對東方的浪漫主義情調貫徹於歐洲思想史之始終，西方人感受到他們自身的某些欠缺，便幻想著能在東方的某地找到彌補這些欠缺的答案。遺憾的是，西藏並沒有被十八世紀的歐洲人看中而加以理想化的吹捧。相反西藏成了歐洲人心目中的東方理想社會的反面典型。對經受了啟蒙的歐洲人來說，西藏人是懵懂未開的野蠻人。西藏的宗教不過是裝神弄鬼、是偶像崇拜，西藏的喇嘛偽善、兇狠，西藏的百姓天生奴性十足。

　　在一七四四年於德國問世、直到一八〇〇年為止一直是德國最重要的百科詞典 Zedlers Universal-Lexicon 中對達賴喇嘛是這樣描述

---

16 對Desideri的最新研究有Trent Pomplun, Jesuiton the Roof of the World，Fppolito Desideri's Mission to Tibet, Oxford University Press, 2010.

的：「他被人稱為大喇嘛，為了欺騙民眾相信他永生不死，每當他死去，別的喇嘛會馬上找一個別的什麼人放在他的位置上，將這個騙局繼續下去。喇嘛們糊弄百姓說，這位大喇嘛已經活了七百多年，他還將永遠地活下去。」[17]在作者眼裏西藏活佛轉世制度純粹是喇嘛為保持其權力而有意設置的騙局。

更典型、生動地總結十八世紀歐洲之西藏形象是 Bernard Picart。他於一七三四年在倫敦出版了一本名為《已知世界各民族之禮儀和宗教習俗》的著作。此書據當時能收集到的所有冒險家、商人和傳教士關於世界各民族的禮儀、習俗的記載編輯而成。雖然書中沒有一處出現過西藏或佛教的名字，但在對韃靼人和卡爾梅克人的記述中卻有大段的對達賴喇嘛及其宗教的描寫。Picart 評說西藏的基調與五世紀前的馬可波羅一樣，一言以蔽之西藏盛行的是偶像崇拜。在十七世紀歐洲人只知道世界上有基督教、猶太教、伊斯蘭教和偶像崇拜。Picart 在其書中說：「蒙古人韃靼人、卡爾梅克人和別的什麼人，正確說來，他們只有達賴喇嘛而沒有別的神。像人們告訴我們的那樣，達賴喇嘛意為普世神父（Universal Priest）。這位所有韃靼偶像崇拜者的主教（Soveign Pontiff），他被他們認為是他們的神，居住在中國的邊境，靠著布達拉城的一個位於一座高山上的修院內。圍繞著這座山的山腳居住著大致一萬二千名喇嘛，他們分別居住在各自依山而築的小房間內，按他們各自的素質和職位來確定他們的住處離主教的遠近……。在拉薩有兩個君主，一個是世俗的，一個是精神的。有人說這是 Tanchuth 王國，或者 Boratai、Barantola 王國。大喇嘛是精神的君主，他被那些偶像崇拜者當作神來崇拜。他很少外出。普通百姓如有幸利用一切手段獲得他的一丁點兒糞便，或是一滴尿，便欣喜若

17 Zedlers Universal-Lexicon，卷44，萊比錫1745.

狂。設想這兩樣東西中的任何一樣都能確實可靠地抵禦疾病和災禍。
這些糞便被當作怪物而保存在一個小盒子內，懸掛在他們的頸根
上……。按照韃靼人的觀念，大喇嘛是永生不死的，他永遠以一個形
式出現，這個形式大概可以被人感知。他被幽閉在一個寺院中，有數
不清的喇嘛扈從，他們對他頂禮膜拜到無以復加的程度，並想盡一切
可以想到的辦法使百姓像他們一樣對他五體投地。他很少被暴露於公
眾場合，一旦出現也與公眾保持相當的距離，使那些有幸見到他的人
在驚鴻一瞥之餘，根本無法回想起他的面貌特徵。一旦他死去，馬上
就會有一位盡可能長得與他相似的喇嘛取而代之。當他們感覺到他大
限將近時，那些最狂熱的信徒和這位假想神的首席大臣，就會將這個
騙局玩弄得爐火純青、天衣無縫。假如我們可以信賴神父 Kircher 的
話，那麼，喇嘛的神化首先應該歸於他們的約翰長老（Prester John）
的異乎尋常的信任和信心。」[18]

　　Picart 這段描述給他那個時代的讀者留下的印象是，西藏的宗教
首先是對神靈的褻瀆和污染，因為他們不但將最終會死亡的凡人奉為
神明而且還膜拜人類的糞便。其次，西藏的宗教是陰險、狡詐的，因
為他們用虛偽的辦法創造了一個不死的達賴喇嘛來欺騙他們的信徒。
最後，如果說在西藏宗教中有什麼真實可言，那也是因為他們受到了
基督教的影響，這些藏人百姓最初信仰的是約翰長老，他們將對約翰
長老的信任轉移到這位虛假的神祇達賴喇嘛的頭上。

　　值得一提的是，對西藏持否定態度的不只是一般的平民百姓，或
者是那些帶有宗教偏見的傳教士。就是當時那些先進的啟蒙思想家也

18　Bernand Picart, The Ceremonies and Religious Customs of the Various nations of the
　　Known World, London 1741, p.425. 轉引自 Lopez, Prisoners of Shangri-la, Tibetan
　　Buddhism and the West, Chicago and London: The University of Chicago Press, 1998,
　　p.22.

同樣對西藏沒有什麼好感。相反，他們中的一些著名人物，如思想家作家康德（Immanuel Kant）、赫爾德（John Gottfried von Herder）、盧梭（Jean-Jacques Rousseau）和巴爾扎克（Honore de Balzac）等也都為一個妖魔化的西藏形象在西方的傳播起了推波助瀾的作用。赫爾德一方面稱藏人是粗魯的山民，他們的宗教既原始又不人道。在他於一七八四年出版的《人類歷史哲學大綱》一書中，赫爾德聲稱喇嘛的宗教不可能來自粗野的藏北地區，它一定源出於一個比較溫暖的地區，因為「它是一些軟弱無力的意識的產物，它沒有思想，只有對肉慾的勝過一切的熱愛。要是在地球上有一種宗教應該被冠上怪異和無常的惡名的話，它便是西藏的宗教」。[19]另一方面，赫爾德又擺出理性的姿態要從西藏的氣候環境和歷史發展來理解西藏文化。對於他來說，佛教總而言之是一種「癲狂」，但他又是東方精神活動的一個產物，是趨向歐洲人業已實現的人道主義的一個步驟。佛教對於西藏的貢獻是，它使野性的藏人走向人道，使落後的西藏在文化上上了一個臺階。[20]

　　康德對西藏的評價典型地表現出歐洲人在亞洲人面前的那副自以為是的勁頭，與赫爾德相比他更看不上西藏。在《論萬物之終結》（Über das Ende aller Dinge）一文中，康德稱西藏的宗教是「神秘主義」「幻想」的最好例證，一言以蔽之是非理性的。亞洲人不理智地工作、思想，卻坐在黑漆漆的房間裏對著牆壁發呆這實在是匪夷所思。[21]而在他的另一篇論文《論永久的和平》（Zum ewigen Frieden）中，康德又提出了一個給後來西藏神話的形成產生很大影響的理論：希臘神秘主義中的一個特定的概念很可能是來源於藏語。早在希臘、

19　Johann Gottfried von Herder, Outline of a Philosophy of the History of Man, trans.T.Churchill, 1800: reprint, New York: Bergman Publishers, 1966, pp.302-303.

20　J.G.Herder, Saemtliche Werke, Vol.14, Berlin, p.23.

21　Immanuel Kant, Werke Bd.IX, Darmstadt 1983, p.185.

羅馬時代，即所謂古典時期（Antik），在西方和西藏之間已經有了聯繫。他的這些想法雖然很荒唐，卻意義非凡，因為他嘗試推導出這樣的結論：在歐洲流傳的一些東西實際上來自亞洲。於是，西藏便成了那些在西方已經失落了的古老智慧的發源地。這些古老的智慧在歐洲已經被遺忘，而在西藏或許依然存在。康德這種將西藏作為神秘主義之發祥地的想法對其後人影響巨大。不管是雅利安人，還是馬加裏人，都紛紛來到這裏尋求他們祖先居住的故鄉。在十九、二十世紀最終形成的西藏神話也與康德的這個奇怪的想法有關。

與康德、赫爾德同時代的法國啟蒙思想家盧梭在他於一七六二年成書的名著《社會契約論》（The Social Contract）中也對西藏喇嘛的宗教作了簡短而辛辣的批判。盧梭將喇嘛教與天主教和日本宗教相提並論，指出這樣的宗教必然要在宗教信仰和作為國家公民之間引發危機。換言之，像達賴喇嘛這樣的絕對神權統治必將引起百姓在宗教與國家之間的兩難選擇，宗教和國家之間的衝突也就不可避免。盧梭將這一類宗教命名為「牧師宗教」（the religion of the priest），他甚至說這類宗教之壞是如此昭然若揭，所以若停下來去證明它是壞的，則無異於浪費時間。[22]

盧梭對西藏政體的批判被稍後於他的法國著名的現實主義作家巴爾扎克全盤接受。後者在他的小說《高老頭》（Old Goriot）中批評西藏的神權政體、管理體制的無條件服從，是一種所有臣屬對達賴喇嘛的非自願的、機械的、本能的崇拜。這短短的一句話使《高老頭》成為西方小說史上最早提到西藏的一部小說。[23]這些歐洲大思想家、大

---

22 Jean-Jacques Rousseau, The Social Contract and Discourses, trans.G.D.H.Cole, London：J.M.Dent & Sons, 1973, p.272.

23 Peter Bishop,《不只是香格里拉：西方文學中的西藏形象》（Nicht nur Shangri-la：Tibetbilder in der westlichen Literatur），Mythos Tibet, p.211.

文豪雖然僅僅只是非常間接、次要地談及西藏，但他們的隻言片語卻透露出他們那個時代對西藏及其宗教的基本看法，他們對西藏宗教的這類譴責得到廣泛的傳播。

四　魔鬼的作品：東方的天主教

　　導致西藏在西方被妖魔化的原因除了經歷了啟蒙運動的歐洲人對落後、野蠻的西藏的鄙視外，還有一個不可忽視的原因是，西藏的宗教從一開始就被西方的旅行家、傳教士與羅馬天主教拉上了關係。從馬可波羅、鄂多立克和方濟各派教士魯布魯克（Guillaume de Rubruquis）等於元朝來華的歐洲商人、傳教士那兒，我們就能聽到關於西藏宗教與羅馬天主教有許多相同點的說法。例如，鄂多立克將西藏的大喇嘛比作羅馬的教皇。魯布魯克從喇嘛手中的念珠聯想到天主教神父手中的念珠等。這種比較先後被天主教和新教的東方詮釋者們利用，雖然他們利用的方法和目的南轅北轍，但殊途同歸，得出的結論完全一致。

　　最早到達「大韃靼帝國」的天主教觀察家之一、多明戈派傳教士Jourdain Catalani de Severac 就曾對他的見聞做過如下報導：「在那個帝國內有許多神廟和男女寺院，就像是在家裏，唱詩和祈禱，完全和我們一樣。那些偶像的大祭司神身穿紅袍，頭戴紅帽，就像我們的那些主教大人一樣。祭拜偶像時這樣的奢華、這樣的壯觀、這樣的舞蹈、這樣隆重的典禮，真是不可思議。」而於一六六一年到達拉薩的德國耶穌會士 John Grueber 所見到的西藏喇嘛則簡直與天主教神父沒有什麼區別：「他們用麵包和葡萄酒做慶祝彌撒時的聖餐，作臨終塗油禮，替新婚夫婦祝福，為病人祈禱，建女修道院，隨唱詩班唱詩，一年內作幾次齋戒，進行最殘酷的苦修，包括鞭打；替主教授職，派

出極其貧困的傳教士，光腳雲遊四方，遠及漢地。」

　　這種驚人的相似點一旦被觀察到，就有必要給以解釋。最早作這種嘗試的是於一八四四年到一八四六年在漢地和西藏旅行的 Vincentian 傳教士 Evariste-Regis Huc 和 Joseph Gabet。在他們的遊記《1844-1846 年在韃靼、西藏和漢地的旅行》（Travels in Tartary, Thibet，and China, 1844-1846）中，他們講述了這樣一個故事：西藏佛教最主要的教派黃教──格魯派的創始人宗喀巴年輕時曾遇見過一位來自極西方、大鼻子、眼睛閃閃發光的喇嘛，後者收他為徒，並給他授戒，傳授所有西方的學說。而這位奇怪的喇嘛原本是一位天主教的傳教士。這樣，西藏宗教和天主教的種種相似點也就不難得到解釋了。可惜的是這位西方的「喇嘛」尚未來得及將全部的西方教法傳授給宗喀巴就不幸中途夭折了，否則的話西藏早已全盤西化，改宗天主教了。[24]這種借助「譜系」、訴之於歷史影響的方法在人類學上被稱為「擴散主義」（diffusionism），大概是用來對不同地區、文化中同時出現的相同的現象和特徵進行解釋的最常用戰略。中國歷史上出現過的《老子化胡經》就是一個典型的例子。通常這種追述譜系的嘗試，不但在西藏宗教和天主教之間建立起了一種歷史聯繫，而且與此同時一種根據離最原初的祖先之影響力的時間的遠近劃定的等級制度也被建立起來了。這樣 Huc 和 Gabet 既可以宣佈宗喀巴的佛教有「可靠的」成分，因為它的根源是他們自己的天主教教法；同時，他們又可以聲稱宗喀巴的教法是不完整的，因為他沒有從那位神秘的大鼻子喇嘛那兒學到全部的教法。而現在那位西藏喇嘛未竟的事業就要靠他們自己來完成了。

　　在歐洲人最早與西藏佛教相遇時，西方的樸學（Philology）尚未成為學術主流，人們缺乏任何諸如對一種人類祖先的遺產可以解釋為

---

24 Huc and Gabet, Travels in Tartary, Tibet and China, 1844-1856, London 1850, 2: p.52.

在地球不同部分平行發展的表現形式這樣的概念。因此，對於西藏喇嘛和天主教神父之間的這種明顯的類似，當時的歐洲人只可能給予兩種解釋：要麼是他們自己中的某人的工作的結果，要麼是別人的工作的結果，兩者必居其一。前述 Huc 和 Gabet 所講述的故事就是嘗試作第一種解釋。類似的還有許多天主教傳教士相信他們能在西藏找到約翰長老之教會的遺存，甚至有人提出，實際上第一世達賴喇嘛就是傳說中的這位約翰長老。當然，這樣的解釋實在太牽強附會，無異於自欺欺人。對於 Huc 和 Gabet 的這種說法很快就遭到了別人的批判。德國早期藏學家 Emil Schlagintweit 就曾針鋒相對地指出：「雖然我們現在還無法決定諸如究竟佛教可能從基督教那裏借了多少東西這樣的問題，可是，這些法國傳教士所列舉的佛教儀軌中的絕大部分卻都能追溯到佛教的獨特的慣例中去，而且他們出現的時間都在宗喀巴之前。」因此，事實上他們也不得不承認，西藏宗教的這些與天主教會類似的東西實際上也是土生土長的，所以是「別人工作的結果」。而認識到這一點又讓他們覺得十分恐慌，因為這不但直接挫傷了他們對野蠻民族的與生俱來的優越感，而且更重要的是這使他們的傳教活動變得毫無意義。他們千里迢迢、歷經千辛萬苦來到西藏的目的就是為了要讓那些茹毛飲血的野蠻人聽到上帝福音，獲得真正的信仰，使雪域蕃地成為天主的地盤。而現在他們在這裏所見到的一切卻與他們在羅馬所經歷的是如此的相似，那些本該經過他們的努力之後出現的東西，現在卻已經擺在了他們的面前。如此崇高、偉大的使命被證明是白吃辛苦。他們的沮喪乃至憤怒是可以想見的。

　　我們在耶穌會士 Athanasius Kircher 對他所見到的藏人對達賴喇嘛的崇拜的描述中就能體會到這份怒氣，他寫道：「當陌生人接近〔達賴喇嘛〕時，總是頭頂著地跪拜在他面前，帶著不可思議的崇拜親吻他，這與人們在羅馬教皇面前所作的沒有任何兩樣。是誰生性歹

毒，如此不懷好意地將本該羅馬的教皇、基督在人間唯一的代表享受的這種崇拜，將基督教的所有其它秘密的宗教儀式轉移到了野蠻人的迷信崇拜中來了呢？以致魔鬼的騙術和詭計如此的昭然若揭。憑什麼這些野蠻人就像基督徒稱羅馬的教皇（High Priest）為神父之父（Father of Fathers）一樣，稱他們的假神為大喇嘛，是大教皇，是喇嘛的喇嘛，換言之，是教皇的教皇。因為他們的宗教，確切地說是瘋狂和頭腦有病的偶像崇拜，所有形式和作風都是從他那兒，就像是從一個固定的泉源中流出來的，那麼，為什麼他也被稱為『不朽的主』（the Eternal Father）呢？」在憤憤不平之中，Kircher 將這種西藏宗教和天主教的種種相似現象歸之於魔鬼的惡作劇。這是基督教會慣用的伎倆。早在西元二、三世紀，Justin Martyr 和其它教會神父就已經提出了所謂「魔鬼抄襲理論」（the theory of demonic plagiarism），這種理論將所有在天主教會各種儀式的組成部分和與天主教相敵對的各種禮拜儀式之間相類似的東西都歸結為魔鬼的傑作。雖然，這些神父的打扮、他們所主持的儀式看起來和天主教會的一模一樣，但他們不是真的，他們是在魔鬼的幫助下從天主教那兒抄襲得來的。天主教的神父一方面與他們的異族同行認同，另一方面又以譴責他們為魔鬼而自己武裝起來反對他們。這種魔鬼抄襲理論一直是天主教會將自己擺在了原初本有、獨家佔有純淨本源的位置，而置他人於派生的墮落狀態的工具。所以，當他們在西藏見到西藏宗教與天主教會如此之多的驚人的相似點時，重又拾起魔鬼抄襲理論這根棍子，砸在了達賴喇嘛及其由他所代表的西藏宗教頭上。一位來華的葡萄牙傳教士在清朝宮廷內談起西藏的宗教儀軌時激憤地說：「在這個地方，還有哪一片衣服、哪一種聖職、哪一種羅馬教廷的儀式是魔鬼沒有複製過的。」羅馬天主教會對西藏佛教的妖魔化不僅是在歐洲啟蒙運動之前，而且在

啟蒙之後，甚至在整個十九世紀都具有很深的影響。[25]

　　早在十八世紀中葉，新教徒也已經開始別有用心地將西藏佛教與天主教相提並論了。他們的用意並不是像天主教徒處心積慮地尋求的那樣要解釋在偶像崇拜與羅馬天主教會之間的種種相似的可能性，而是為了說明種種相似的必然性，因為在新教看來羅馬天主教本來也就是偶像崇拜，與西藏的宗教是一丘之貉。一位十八世紀的英國新教徒Thomas Astley 在列舉了羅馬天主教和西藏佛教之間的這種共同點之後幸災樂禍地說：「這些〔天主教〕的傳教士見到羅馬的信仰與一種被公認為是偶像崇拜的宗教如此一致，便張惶失措起來，於是出現了一個持續的神父玩弄詭計的鏡頭，他們用各種辦法來掩蓋這種類似。有些人提到它的教義的一部分，別的人則提不同的部分，沒有人述其全部。那些有時是最經綸滿腹的人也以十分隨意、鬆散的方式來朗誦它們，沒有方法，沒有次序。在所有這些偽裝之後，這種類似依然是如此令人矚目，以致有許多人為瞭解釋它而採取了一個厚顏無恥的手法，假裝這種宗教是基督教，意思是羅馬教的一種墮落。有些人則證實在七、八世紀時，景教徒就已經使西藏和韃靼人皈依他們了：另有些人則說，早在使徒時代信仰就已經傳播到那裏了。我們稱此為不要臉的手法，因為他們知道，按照漢文史書的記載，佛教在基督之前的一千多年前就已經流行了。」[26]Astley 還進一步將羅馬天主教會的傳教士在中原和西藏傳教的失敗歸咎於天主教與佛教的這種類似，因為佛教徒在這種皈依中注定一無所獲。必須指出的是，儘管立意、說法

---

25 參見Lopez上揭書，第25-34頁。

26 Thomas Astley, A New Collection of Voyages and Travels Consisting of the most Esteemed Relations Which have been Hitherto Published in any Language Comprehending Everything Remarkable in its Kind in Europe，Asia, Africa, and America, 1745-1747, p.220.

不一，但在妖魔化西藏這一點上，新教和天主教之間沒有任何本質的區別。新教自比原始佛教，而將天主教比作西藏佛教或喇嘛教，前者是可靠的、精神的、人道的、自由的，而後者是派生的、妖魔的、崇拜偶像的、墮落的。

五 殖民主義話語與現代西藏學的誕生

19世紀，歐洲人以政治、軍事和科學征服了世界，歷史進入了一個殖民主義時代。在殖民主義的氛圍中，歐洲人自我陶醉於民族、種族的優越感中，對處於其殖民統治之下的民族及其文化和宗教充滿了鄙視。可想而知，這個時代西方對東方各民族文化是不可能給予像他們時時標榜的理性的評估的。正是在這個時期，西藏和中國中原被許多歐洲學者和殖民官員看作是東方專制主義（Oriental despotisms）的典型。一個由達賴喇嘛——一位天上的神王——統治，另一個則由一位昏庸的皇帝統治。西方人對西藏及其宗教的看法如果說沒有獲得比以前更壞的話，至少沒有什麼根本性的改變。

一八八九年，德國萊比錫出版的瑪雅百科辭書（Meyers Konvers-ations- Lexikon）對西藏的形象作了如下的「科學」總結：「西藏人的性格可以以對上阿諛奉承、對下耀武揚威來概括。居民在社會上被分成精神的和世俗的兩類。可惜不管是世俗的、還是寺院的男女精神貴族對百姓的道德風化都沒有產生好的影響。僧人不學無術，且放蕩自縱。宗教習俗為迷信張目，轉經筒的運用舉世聞名。人在任何別的場合都需要一個擅於裝神弄鬼的喇嘛來為其召喚鬼神。而真正的宗教禮拜又被那些壯觀的儀式、音樂和香火搞得人精神惶惑。」[27]

---

27 Meyers Konversations-Lexikon, 4.Aufl., Leipzig 1889, p.689.

　　而德國大哲學家黑格爾對西藏宗教的評價雖然措辭更具哲學意味，但實質卻與一個世紀前 Picart 所說的大同小異。在他於一八二四年和一八二七年作的《宗教哲學講座》（Lectures on the Philosophy of Religion）和他作於一八二二年和一八三一年的《歷史哲學講座》（Lectures on the Philosophy of History）中，黑格爾指出達賴喇嘛作為一個活著的人被當作神來崇拜是荒唐的。一般說來，抽象的理解就反對神──人這樣的概念。當作為缺陷指出的是，這兒被指派給這個精神的那個形式是一個直接的、未經雕琢的、缺乏思考的東西，事實上，它不過就是一個具體的人而已。這兒所有人的特徵都和剛剛提到的神學觀念拉上了關係。[28]

　　總而言之，對於西方殖民主義者來說，西藏是一個落後的、不開化的地方，西藏的宗教及其代表人物都荒誕不經。佛教使西藏人變得弱不禁風、不堪一擊。所以，他們遭到外來勢力的入侵實在是自作自受。翻開榮赫鵬的《印度和西藏》一書，我們清楚地看到，他就是如此厚顏無恥地為其武裝入侵西藏辯護的。儘管西藏最終沒有成為西方帝國主義勢力的直接的殖民地，但他一直在西方殖民者的視野之內，是英、俄兩大勢力在中亞地區角逐的所謂大博弈（Great Game）的爭奪焦點。早在一七七五年和一七八三年，英國政府就分別派出其殖民官員 Bogle 和 Turner 出使西藏，旨在打開西藏的門戶，為其在此從事商業、貿易活動提供便利。而其在西藏推行殖民擴張政策的最高潮是榮赫鵬（Francis Younghusband）率軍於1903/04年武裝入侵聖城拉薩。

　　西方帝國主義在東方殖民擴張的成功給西方眾多的東方研究者提供了前所未有的機會，使他們可以直接面對東方，並隨意地掠奪東方民族的精神、文化財富，西方東方學的產生在很大程度上是西方殖民

28　G.W.F.Hegel, The Philosophy of History, trans.J.Sibree, New York: Dover, p.170.

擴張的直接產品，它是在這種殖民主義的背景下於十九世紀中葉應運
而生的。今天人們習慣於稱匈牙利人喬瑪（Alexander Csoma de Körös,
1784-1842）為「西藏學之父」。這位具有語言天才，據稱懂得十七種
語言的匈牙利人本來的志向與當一名西藏學家並不相干，他於一八
一九年離開家鄉、首途東方的動機是尋求匈牙利人的根，是一種民族
主義利益的驅使。而在一八二三年他與英國東印度公司的殖民官員
William Moorcroft 在拉達克的相遇徹底地改變了他的命運。後者勸喬
瑪暫時推遲為匈牙利語尋根的計劃，而首先騰出時間來學習藏語文，
因為「一種語言知識本身是一種不無一定商業價值、或者政治價值的
獲得」。在 Moorcroft 的安排和資助下，喬瑪開始在喇嘛的指導下學習
藏語文。經過七年的努力，他不負重託，完成了英印政府交給他的
「沉重職責」（heavy obligations）。一八三二年〔英文原文為一八三〇
年〕，他離開西藏西南邊境，前往加爾各答。在那兒他出版了一部藏
英字典，一本藏文文法和一本九世紀藏語佛學術語詞典《翻譯名義大
全》的英譯本，以及許多關於西藏佛教文獻的論文。儘管我們在喬瑪
的這些著作中看到了對西藏學術研究的開始，但實際上，他不過是薩
義德所稱的「一位天才的業餘愛好者」（a gifted amateur enthusiast）。
他不是在歐洲的大學內工作，而是在「實地」，在沿印、藏西南邊境
的不同地點工作。喬瑪代表的為其民族尋根的民族主義利益和以
Moorcroft 代表的堅信西藏語知識將有益於大英帝國的帝國主義利益
的巧合，促成了一門學科和職業「西藏學」的誕生。[29]
　　有意思的是，雖然今天的西藏學家面對喬瑪當時所取得的學術成

---

29 參見Lopez，《拜倒在喇嘛腳下的外國人》（Foreigner at the Lama's Feet），揭載於
　　Lopez編，《佛之管家：殖民主義下的佛教研究》（Curators of the Buddha.The Study of
　　Buddhism under Colonialism），Chicago: The University of Chicago Press, 1995, pp.256-
　　259.

就仍然會由衷地表現出對這位天才學者的欽佩，而喬瑪的那些著作作為首批藏文文獻的直接翻譯卻並沒有能給他的同時代人創造一個新的西藏形象。法國探險家 Victor Jacquemont 讀了喬瑪的這些譯文後發表感慨說：「這些東西不可言說的無聊。那裏大概用了二十個章節來論述喇嘛應該穿什麼樣的鞋合適。而在其它章節內也都是些充斥全書的荒誕不經的廢話，如神父被禁止在渡過一條激流時抓住一條牛的尾巴。這兒有的是恢宏地論述鷹頭獅身有翅膀怪獸、龍和馬身獨角獸的身體的特徵，以及有翅膀的馬的蹄子的值得佩服的優秀博士論文。根據我所聽到的關於這些人的說法和喬瑪先生的譯文告訴我們的這些東西來判斷，人們或許可以將他們當作是一個瘋子加傻子的種族。」[30]

要說喬瑪被帝國主義的利用還有其巧合的成分，而另一位天才的早期西藏學家印人 Sarat Chandra Das 則是地地道道的、由殖民政府豢養的印度特務。Das 為後人留下了一部至今仍是藏學家案前必不可少的《藏英梵字典》（A Tibetan-English Dictionary with Saskrit Synonyms），但這部字典實際上不過是他從事正業之外的副產品。他的正業是為其雇主印英政府在西藏收集政治、軍事和經濟情報。直到十九世紀中，在英國官方地圖上位於中國中原和印度之間的西藏地方還是一塊空白。這當然是日不落帝國的殖民主義者所無法容忍的，亟待從地理學的角度予以開發。而這種開發從來就不僅僅是科學一家能完成的事情。他們用了各種各樣的辦法派特務潛入西藏，收集情報和作地理測量，但總是不太成功。最終他們找到了一個絕妙的辦法，即讓印度當地的學者在經受他們的諜報訓練後，假扮成去西藏朝聖的香客，沿途進行地理測量，並收集一切有關的情報。於是，在印度和西

---

30 Victor Jacquemont, Letters from India, 1829-1832, trans.Catherine Alison Philips, London: Macmillan, 1936, p.324.

藏之間許多朝聖要道上，出現了一個又一個手拿轉經筒、口念六字真言的印度班智達。可就在轉經筒中藏有其主子提供的精密的測繪儀器和密密麻麻地記著各種各樣情報的小紙條。而 Das 就是這些班智達中最著名的一個。[31]

六 佛教最不肖的子孫──喇嘛教

在殖民擴張的幫助下，越來越多的傳教士來到了西藏或者藏語文化區。與 Desideri 這樣的早期傳教士不同的是，這個時期很少有人會對西藏的宗教作客觀的瞭解和研究。殖民主義者的強烈的文化優越感使他們完全失去了宗教對話的興趣，在他們眼裏，西藏宗教實在不能稱之為宗教。前引那位加拿大女教士 Rijnhart 的那段話可算是那一代傳教士對西藏文化之評價的典型。與此同時，在歐洲的大學、研究所中的佛教研究者也以藏傳佛教為佛教的變種、墮落，認為它實際上不能算是佛教，而是所謂的喇嘛教。

在十九世紀的歐洲，特別是在維多利亞時代的英國，佛教大受歡迎。佛陀被視為印度雅利安人的歷史上出現的最偉大的哲學家，他的教法是一個純粹的哲學、心理學體系，它建立在理性和謹慎的基礎之上，反對儀軌、迷信和祭司制度，佛教內部沒有等級制度，它向世人顯示個人如何能夠在不帶傳統宗教的標識的前提下過一種道德的生活。英國偉大的東方學家們在佛教中看到了理性和人道。當然，這樣的佛教既不見於今天的印度，也從未出現在漢地和西藏。它早已死亡；如果說今天它還存在的話，那麼它就在大英帝國，被控制在帝國

---

31 Derak Wellor，《班第──英印對西藏的偵測》（The Pundits: British Exploration of Tibet），載《西藏與中原關係國際學術研討會論文集》，臺北，1993年，第433-510頁。

內最優秀的東方學家手中。正如 Philip Almond 指出的那樣，「至一八六〇年，佛教不再存在於東方，而是存在於西方的東方圖書館和研究所中，存在於它的文本和手稿中，存在於解釋這些文獻的西方學者的書桌上。佛教成了一種文本物（textual object），通過它本身的文本性而得到定義、分類和解釋。」精通希臘和拉丁文的歐洲佛教學者選中他們自己認為最接近於佛祖本意的梵文、巴釐文佛經作為其研究對象，並據此創造了他們自己的「古典佛教」版本，這些學者中的大部分畢生沒有到過亞洲，因為完全沒有必要，他們在他們的圖書館中擁有了佛教。對他們而言，根據這些古典佛經推廣的古典印度佛教已經死亡，已不再能與歐洲的知識相對抗。亞洲現存的佛教，不管是斯里蘭卡，還是中國、日本的佛教都是野狐禪，是變種，他們對佛法的解釋不可靠、他們的教徒沒學問，不足以擔當傳承佛法真諦的重任，而這個重任責無旁貸地落到了歐洲佛教學者的肩上，他們才是這種古典傳統的真正和合法的傳人。

　　歐洲佛教學者、特別是英國學者對佛教研究之興趣的上升與十九世紀下半葉出現的「反教皇制度」（No Popery）運動有密切的關聯。此時這個被他們自己創造和控制的、從未在歷史上的任何地方存在過的所謂「原始佛教」被比作東方的新教，所以推奉、讚美這個莫須有的「原始佛教」實際上也就是讚美新教自己。同樣，為了使他們對羅馬天主教的攻擊更加有力，他們也必須為它找一個來自東方的陪襯，於是大乘佛教，特別是它的最可怕的變種、屬於密宗系統的西藏佛教被揪出來作為墮落的、非理性的宗教的典型的命運也就在劫難逃了。西藏佛教帶著它的狡猾、昏庸的教士、死氣沉沉的祭司制度理所當然地被譴責為佛教最蛻化的形式。在這種學術殖民主義濃烈的氛圍中，藏傳佛教擁有了一個帶有侮辱性的、至少充滿貶義的名字──喇嘛教。

　　上千年來，世世代代的西藏人只知道他們自己信仰和奉行的宗教

叫佛教。直到他們於二十世紀六〇年代開始與外界接觸之後才知道他
們的宗教還有另一個名字叫做喇嘛教（Lamaism）。正如被激怒的西
藏人常常發問的那樣，佛教在中原漢地叫漢傳佛教，在日本叫日本佛
教，為什麼佛教到了西藏不叫做西藏佛教或藏傳佛教呢？為什麼漢
地、日本、乃至泰國的佛教不叫做和尚教，而藏地的佛教偏偏要被叫
做喇嘛教呢？在藏傳佛教與喇嘛教這兩種不同的稱呼裏隱含著不同的
涵義。藏傳佛教一如漢地佛教或泰國佛教，指的是屬於世界宗教之一
的佛教的一個地方版本，而喇嘛教這個稱呼則還帶有其它附加的內涵
和聯想，它帶有一種褒貶的成分。儘管喇嘛教這個稱號由來已久，但
它更是十九世紀殖民主義的產物。在此之前，人們用喇嘛教這個稱號
或許還帶有一定的偶然性，而十九世紀西方的那些佛教研究專家們則
有意識地使用了這個稱號，因為在他們眼裏西藏的宗教是一種極其怪
誕的、缺乏任何原始佛教精神的非自然傳承系統的大雜燴，是一種西
藏獨一無二的變種。自認為是原始佛教之合法傳人的西方佛學家甚至
不承認西藏宗教是佛教大家庭中的子孫，因此，它不配被叫做佛教，
它最合適不過的名字就應當是喇嘛教。

　　一八三五年，歐洲傑出的蒙古學家 Isaac Jacob Schmidt（1779-
1847）發表了一篇題為《關於喇嘛教和這個名稱的無意義性》（Ueber
Lamaismus und die Bedeutungslosigkeit dieses Namens）的文章。文中，
Schmidt 一針見血地指出，喇嘛教這個名稱純粹是歐洲人的發明，因
為他們假想在佛教和所謂喇嘛教之間存在有本質的區別。Schmidt 寫
這篇文章的目的就在於向世人證明兩者之間根本就不存在這種被假想
的區別，同時要顯示西藏和蒙古的宗教在何種程度上代表了佛教歷史
上的一個特殊的表現形式。[32]遺憾的是，Schmidt 先生這樣的吶喊與當

---

32 此文發表在Bulletin Scientifique Publie par L Academie Imperiale des Sciences de Saint-

時歐洲東方學界的殖民主義大合唱相比，其聲音實在太微不足道了。

　　據 Lopez 先生考證，在歐洲語言中最早出現「喇嘛教」這個名稱是在德國自然學家 Peter Simon Pallas 於一七八八年出版的名為《描述可居住的世界》（The Habitable World Described）、記載他於一七六九年為聖彼德堡皇家科學院在凱薩琳女皇之國土內所作旅行的報導中。在此書中，作者大段記錄了有關卡爾梅克人的宗教情況，其中提到了「喇嘛的宗教」（religion of lama）和「喇嘛教的教條」（Tenets of Lamaism）。以後，「喇嘛教」這個名稱也就斷斷續續地被西方人運用開來。[33]

　　而最早有意識地使用喇嘛教這個名稱，並對藏傳佛教橫加淩辱的是一位大英帝國的殖民官員 L.Austine Waddell。Waddell 自一八八五至一八九五年為英國政府派駐錫金的殖民官；一九〇四年，他作為侵略者榮赫鵬遠征軍的最高醫務長官到達拉薩。在其錫金任內，他出版了他那本流毒甚廣的著作《西藏佛教或喇嘛教》（The Buddhism of Tibet, or Lamaism）。Waddell 利用他殖民官員的種種優勢，在達吉嶺購買了一座藏傳佛教寺廟和廟中所有的藏品，並出錢請人為他演示所有的宗教儀軌，並解釋其象徵意義。通過這種方式，Waddell 累積了有關藏傳佛教的豐富的知識。為了控制、利用藏人，在他們當中建立起他的權威，他蓄意地欺騙他們說他是來自西方的無量光佛阿彌陀佛的轉世；而面對他的歐洲聽眾他又明確地告訴他們他不是佛的轉世，而是一位理性的觀察家、研究者，從而在他們面前同樣建立起了他對西藏佛教的權威地位。儘管 Waddell 最多不過是另一位有天賦的外行，但

Petersbourg I.No.I (1836) 關於他的生平和著作見沈衛榮，《聯邦德國的西藏學研究和教學》，臺北：蒙藏委員會，1994年。

33 Lopez，《香格里拉的囚徒：藏傳佛教與西方》，第23頁。

他卻非常努力地與英國大學、研究所中的那些自命為原始佛教最合法的傳人的教授大人們保持同樣的腔調，為當時甚囂塵上的東方主義推波助瀾。在 Waddell 眼裏，「喇嘛教崇拜包含了許多根深蒂固的鬼神崇拜」，「在喇嘛教中只有一層薄薄的、塗抹不勻的佛教象徵主義的光澤，在此背後黑洞洞地出現的是邪惡增長著的多種迷信。」Waddell 毫無顧忌地詆毀藏傳佛教，他認為大部分藏傳佛教的修行儀軌不過是一出可笑的默劇，藏文佛教文獻「絕大部分只是無聊透頂的、用詞彙堆積起來的荒野，是一些過時的垃圾。可是那些喇嘛們卻自欺欺人地相信所有的知識都秘藏在他們那些發黴的經典中，除了這些經典以外沒有什麼東西值得他們認真注意。」[34]

經過 Waddell 這種對藏傳佛教的「權威」的詮釋，藏傳佛教在被作為原始佛教的最不肖子孫而受到譴責的過程中達到了它的最低點。它在西方的東方主義意識形態的複雜遊戲中被視為雙重的「他者」（Double other）：隨著梵文、巴釐文文獻之譯文的發現，佛教作為那種在東方的智慧中看到歐洲之精神的解放的浪漫化東方主義的他者，而被西方創造了出來，並控制在手中。這個他者即代表理性的所謂原始佛教。而西藏佛教又被構劃為這種原始佛教的他者，它不是理性宗教的產物，而是印度傳統之變種，即大乘佛教或金剛乘佛教的產物。藏傳佛教是一種墮落的佛教，它最合適的稱號應當是喇嘛教。而喇嘛教對於那些殖民主義者來說，它的存在價值只在於它是原始佛教必不可少的陪襯。這兒我們見到了一種表現極為精彩的高低關係遊戲。在一種等級關係中占主導地位的成員為了其地位和聲望要消滅占附屬地位的成員。但他又做不到，因為他的高正是借助別人的低才顯示出來

---

34 L.Austine Waddell, Tibetan Buddhism: With Its Mystic Cults, Symbolism and Mythology, and in Its Relation to Indian Buddhism, New York: Dover Publications, 1972, pp.10, 14, 157.

的。Waddell 想把西藏佛教排除在佛教的圈子之外，把它說成是喇嘛教，是他所控制的原始佛教的變種。但他又不能將西藏佛教從佛教的大家庭中排除出去，因為正是西藏佛教的存在才使他的原始佛教變得原始。總而言之，Waddell 通過對西藏佛教的貶低，通過他對喇嘛教的描述，建立起了一種對西藏的意識形態上的主導地位，而這是英國對西藏實行殖民統治的必要前提。

七　結語

今天，達賴喇嘛和以他為象徵的西藏文明在西方受到了前所未有的讚美和崇拜。那些對達賴喇嘛和西藏文化心馳神往、頂禮膜拜的西方人大概不曾想到，也不敢相信，他們的前輩曾以如此不屑的眼光，如此刻薄的語言和如此非理性的筆調來看待、描述和刻畫西藏和西藏文明。每個有正義感和道德勇氣的人理當為其前輩對於西藏文明的這種不公正的、非理性的態度感到羞愧。當然羞愧之餘，或更當捫心自問：今天他們對達賴喇嘛和西藏文化的迷醉多少是出於對西藏文明本身由衷的、理性的讚歎？多少是出自於對自身文明發展的失望與對一個能拯救西方文明的原始東方文化、一個莫須有的理想國的熱望？將達賴喇嘛、西藏文化理想化、神話化，將西藏等同於人間淨土——香格里拉聽起來不俗，更讓曾經飽受殖民主義苦難的西藏人民歡欣鼓舞，但本質上卻與對他的醜化、妖魔化一樣，首先反映的是西方人的利益，反映的是西方文明發展本身的軌跡。在對西藏神話化、精神化的同時，一個現實的、物質的西藏在西方人的視野中消失了。對西藏投入了自己的理想與熱情的當代西方人無意間正在重蹈其先人的覆轍。不知這種脫離現實的理想和熱情究竟能持續多久，能給西藏人民帶來何等樣的前景？或許給他們以當頭棒喝，讓他們走出香格里拉的

迷宮，回到現實的雪域蕃地，更能給西藏人民帶來他們自己所期望的利益和福祉。

第八章

詮釋與爭論：密教的定義、歷史建構和象徵意義

——對晚近西方密教研究中幾篇重要論文的評述

一　引言：東西密教

　　二十世紀四〇年代中，中國學者周一良先生（1913-2001）在《哈佛亞洲研究雜誌》（Harvard Journal of Asiatic Studies）上發表了他在哈佛大學的博士學位論文《中國的密教》（Tantrism in China），文章對漢傳密教之創立者善無畏（657-735）、金剛智（671-741）和不空（705-774）三位高僧的傳記作了翻譯和介紹，為西方學者提供了以這三位人稱「開元三大士」的漢傳密教創始人的生平事蹟為中心的唐代漢傳密教的基本資料，從此成為西方漢傳密教研究的奠基之作，也基本塑定了這個研究領域的基本結構和研究範式。[1]在以後的五六十年間，漢傳密教，或曰東亞密教的研究，雖不絕如縷，但於西方學界似並沒有像印藏佛教（Indo-Tibetan Buddhism），特別是藏傳密教研究（Tibetan Tantric Buddhist Studies）一樣蓬勃地發展起來。西方學界對漢傳密教研究更側重於日本的密教傳統，而非其本土唐代中國所傳之密教。迄今真正研究漢傳密教的著名著作只有寥寥可數的幾部，如司馬虛（Michel Strickmann, 1942-1994）的《密咒和持密咒者：中國

1　Chou Yi-liang, "Tantrism in China", HJAS（《哈佛亞洲研究雜誌》）8 (3-4), pp.241-332；本書有錢文忠漢譯本，《唐代密宗》，上海：上海遠東出版社，2012年。

的密乘佛教》，討論的是漢傳佛教中有類於「迷信」「巫術」的偶像崇拜、火供、驅魔、魘勝等內容。[2]晚近，有一部卷帙浩繁的《東亞密乘佛教和怛特羅》作為荷蘭萊頓 Brill 出版社出版的「東方手冊」（HdO）的一種出版。這部作品集結了世界各國密乘佛教研究專家的最新研究成果，對東亞密乘佛教的歷史及其文獻、人物、修習、儀軌、特點等作了分門別類的介紹和探討，凸顯出今日國際學界之「東亞密教」研究的最新面貌，是一部值得常備案頭的重要參考書，也是今後東亞密乘佛教研究的新起點。[3]

二 果真有漢傳密教存在嗎？

事實上，將「漢傳密教」（Chinese Tantrism, Chinese Tantric Buddhism）或者「東亞密教」（East Asian Tanriism, Tantric Buddhism in East Asia）建構為一個可知的研究領域，至今依然受到嚴峻的挑戰和質疑。儘管佛教學者們普遍認為密宗佛教是東亞佛教的重要資源，它貫穿於整個東亞佛教史，故對密教如何於東亞被傳播、發展、挪用、顛覆和阻斷的歷史都值得深入探究；可是，於國際佛教學界，主流的密乘佛教研究通常和印藏佛教和南亞宗教的研究緊密地聯繫在一起，而東亞密教的研究從概念、術語，到學術話語、分類和歷史譜系的建立和敘述，都有很多難以給予明確答案的問題。甚至，連漢傳密教究竟是否真的存在過也依然還是學界長期以來爭論不休的一個話

2　Michel Strickmann, Mantras et Mandarins: le bouddhisme tantrique en Chine, Paris: Éditions Gallimard, 1996.

3　Esoteric Buddhism and the Tantras in East Asia, edited by Charles D.Orzech, Henrik Hjort Sørensen and Richard Karl Payne, Handbuch der Orientalistik, Vierte Abteilung, China, Bd.24, Leiden, 2010.

題，所以很難像藏傳密教研究一樣建立起一個成熟、規範的學術體系，形成一個自成一體、且具有一定規模的學術領域。[4]

　　幾年前，兩位美國佛教學者、加州大學伯克萊校區的 Robert Sharf 教授和美國夏威夷楊伯翰大學的 Richard D.McBride II 教授曾經分頭撰文，再次提出和討論了漢傳密教或者東亞密教是否真的存在過這一問題，而其結論則顯然更傾向於否定。他們的基本觀點是：漢傳佛教中所說的「秘密教」不過是「大乘佛教」的另一個稱呼而已，與今天學界所稱的「密乘佛教」（Esoteric Buddhism，或者 Tantric Buddhism）不是同一個概念，所謂漢傳「密教」不過是後人演繹和人為建構出來的東西，它在歷史上並沒有真的存在過。

　　Sharf 教授的文章「論密乘佛教」（On Esoteric Buddhism）是作為他的專著《理解漢傳佛教：〈寶藏論〉解讀》的附錄發表的，[5]其富有挑戰意味的觀點於國際佛教學界引起了廣泛的注意和爭論，激發了學者們對漢傳密教的進一步的興趣、思考和研究。Sharf 在其文章中旗幟鮮明地指出：漢文文獻中缺乏足夠的證據說明漢傳佛教中曾經有過密乘、或曰金剛乘教派的傳承，開元三大士本身並沒有自立宗派，他們所強調的密咒、陀羅尼的念誦、以及通過手印、壇城、祝禱諸佛菩薩、密脩儀軌等獲取諸佛神變、加持的修行等等，自一開始就是漢傳佛教寺院修行的基本內容。對於漢傳密教的混淆實際上是因為受到了日本教派史學的影響。日本佛教對顯密的區分源自空海（779-835），

4　Richard Karl Payne, "Introduction" toTantric Buddhism in East Asia, Boston: Wisdom Publications, 2006.

5　Robert Sharf, Coming to Term with Chinese Buddhism: A Reading of the Treasure Store Treatise, Honolulu: University of Hawai'i Press, 2002, pp.263-278. 此書的漢譯本新近問世，羅伯特・沙夫著，夏志前、夏少偉譯，《走進中國佛教——〈寶藏論〉解讀》，上海：上海古籍出版社，2009年。附錄一：「關於中國密教」，前揭書，第271-288頁。

後者認為密教基於法身佛，並圍繞金剛界和胎藏界的宇宙觀而構建，通過手印、壇城、密咒、陀羅尼以及觀想來現證佛身、語、意三密，立地成佛。到了江戶時代，日本的東密護教士又進而發展出了「純密」和「雜密」的概念，即將空海在漢地（唐朝）所接受的金剛界和胎藏界灌頂的內容稱為「純密」，而將其它在此以前就已經出現了的具備密教因素的經文和儀軌統統歸入「雜密」一類。[6]受此影響，漢傳佛教史家往往將開元三大士所傳的密法與日本佛教界所說的「純密」聯繫起來，而事實上我們很難在漢文文獻中找到材料來支撐日本佛教學界對於一個自覺的唐代密教教派或者傳承，以及純密、雜密之分別的闡釋。

Sharf 先生還進一步指出：唐代漢文佛教文獻中的「現（顯）」「密」的分別，並非用來指稱一個獨立的組織、派別，甚至教義，而是用以表明這樣一個事實，即由於佛教行者之根器有利鈍之差別，所以佛陀必須隨機應變、因材施教。顯教可為所有人印證，而密教則惟賦異秉之人才能證悟。開元三大士的教法於當時代或被視為有神通的新技術，但絕非一個獨立的傳承、派別或者說乘。事實上，是十世紀時的贊寧（919-1001）在編撰《宋高僧傳》時，才開始渲染開元三大士的神通，將他們的修法、行為歸入「密教」的範疇的。西方早期的佛教學者多傾向於將佛教看成是一種排斥偶像崇拜、儀式化、神力加持等內容的具有詮釋性、理性，甚至審美性的信條，而將密教看成是印度佛教晚期吸納了印度教的元素、甚至受到了民間信仰的污染而形成的重在防病禳災的方便之術，所以頗為中意於後人創造出來的所謂「純密」和「雜密」的區分。然而，從文獻、藝術史及人類學的記錄

6　關於空海和日本密教傳統的形成，以及空海創立的密教傳統對日本社會制度、文化之變化的影響等，參見Ryuichi Abe, The Weaving of Mantra, New York: Columbia University Press, 2000.

來看，可確信構成密教的根本要素，如密咒、手印、儀軌、偶像崇
拜、祝禱、追求成就、體認三密等等，幾乎為所有的漢傳佛教教派所
共同繼承，無論是精英的，還是大眾的，是經院的，還是俗眾的。總
而言之，傳為唐代開元三大士所傳的漢地密乘佛教傳承實屬子虛烏
有，是後人憑空建構出來的。

　　在 Sharf 先生對漢傳（東亞）密教這一個有問題的學科分類進行
了一次福柯式的解構之後，McBride 先生的文章《果真有「密乘」佛
教嗎？》則「想要用一種更為細緻的方式，來探索從西元5世紀到8世
紀，及其以後中華文化圈中的佛教徒（包括一些歷史學家想要把他們
歸入漢地最早的『密宗』或『怛特羅』佛教信徒的人物），是如何採
納了『密教』（esoteric teaching）和與之配對的『顯教』（exoteric
teaching）觀念，以及相關的用於描述和分類佛教教義的概念。」[7]
McBride 先生此文的出發點是：所謂密教從定義上說就是更高深的、
適合於菩薩的大乘教法，因為「密」與「顯」的概念，必須被理解為
它們僅僅在佛教將其教義判定為聲聞、獨覺和菩薩三乘，或者小乘四
諦、大乘般若空性和大乘「無生法忍」密意這一判教體系內才起作
用。它們不僅指秘密、隱藏、掩蔽與公開、顯現和展示之間的對立，
而且還暗含了大乘與小乘相比所具有的先天的優越性。而支持
McBride 先生這一觀點的最有力的依據便是傳為龍樹菩薩造、鳩摩羅
什譯的中世漢傳佛教最權威、最重要的文本《大智度論》中的一段
話，其云：

　　　佛法有二種：一、秘密，二、現示。現示中，佛、辟支佛、阿

7　Richard D.McBride II, "Is there really 'Esoteric' Buddhism?" Journal of the International
　Association of Buddhist Studies27, 2004, pp.329-356.

羅漢，皆是福田，以其煩惱盡無餘故。秘密中，說諸菩薩得無
生法忍，煩惱已斷，具六神通，利益眾生。以現示法故，前說
阿羅漢，後說菩薩。[8]

顯然，按《大智度論》之密意，「現示法」就是聲聞和獨覺二
乘，而「秘密法」則是大乘用以證得戒、定、慧三學的集成。
McBride 先生接著仔細地查檢了從西元五世紀到八世紀之間漢傳佛教
之諸家注疏，確認儘管各家對於「顯教」和「密教」概念的解釋並非
完全相同，但它們之間有著某種一致性，即「密教」指的是高深的大
乘教法，而「顯教」或者「顯示法」指代的即是非大乘佛教的傳統。
即使是那些被人認為是「密教」大師的人物，實際上也不曾想要重新
定義「密教」和「顯教」，開元三大士並沒有創建一個根本上不同於
大乘教法的新體系，他們只是在廣大的大乘教法中，為他們超越二元
性的儀軌化修行方式與證得佛性之願望爭得了一席之地。這就是為何
在唐代漢文佛教文獻中並沒有出現明確記載獨立的「密宗」的文獻證
據的一個重要原因。因此，若問在西元十世紀以前是否真有「密
教」？可能的答案有兩個：一、有，但所謂「密教」指的就是甚深的
大乘教法；二、沒有，因為「密教」所指無非是甚深的大乘教法。

三　關於密教的意義

顯而易見，上述 Sharf 和 McBride 兩位先生的文章雖然視角不
一，但異曲同工，實際上都否定了這樣一個傳統的說法，即唐代中國
曾經存在過一個由開元三大士所創立的作為宗派的，並有明確和系統

8　《大智度論》卷四，《大正藏》T1509, 25.84c-85a。

傳承的「密乘佛教」。這一挑戰舊傳統的新觀點對於以往的漢傳佛教史，特別是東亞密教史的研究無疑具有顛覆性的影響，它對於東亞密教史這個領域今後的走向也具有深刻的啟發意義。無疑，只有花力氣去對他們提出的這一問題作進一步的探討，我們才能理清許多與密教相關的基本問題，從而加深對漢傳密教傳統的理解，對漢傳佛教史，特別是漢傳密教史的歷史譜系作出新的構建。

首先需要指出的是，這兩位先生的文章所討論的問題並不是在漢傳佛教史上是否存在過密教的教法和實踐，而是唐代中國是否存在過作為一個宗派的密教。事實上，他們都沒有否定密教的因素曾經在漢傳佛教中存在這一歷史事實，甚至他們都確信構成密教的根本要素不但早在開元三大士之前就已經在漢傳佛教中出現了，而且它們幾乎為所有的漢傳佛教教派共同繼承。他們的文章更專注於討論的是當時漢文佛教文獻中到底有沒有出現過專指開元三大士所創立的「密教」傳統這樣的名相，以及當時漢文佛教文獻中提到「密教」「秘密法」時指的是否就是由開元三大士傳承的、今天被人認為是「密教」的東西？顯然，他們的研究結論對此持否定的觀點。

因為古代漢文文獻中「密教」這一名相之所指與我們今天所說的密教之所指有很大的差別，所以，確定十世紀以前漢文佛教文獻中所說的「密教」指的只是與小乘佛教相比更為甚深、廣大的大乘佛教，實際上並不等於全盤否認十世紀以前漢傳佛教中曾經出現過「密教」的教法和修習這樣的事實。這場討論的一個重要意義或在於它引發了我們對佛教史研究中的一個更為基本的問題的討論，即究竟何謂密教？密教的歷史應當從何時開始？即如 Sharf 在其文章中所指出的那樣，如果說可以把對密咒和手印等的運用作為密教的標誌，那麼漢傳佛教中密教的出現當遠早於開元三大士。換言之，如果我們能夠對「密教」有一個明確的定義，那麼，漢傳密教的內容將比我們現在所

界定的、所知的要豐富得多，漢傳密教的歷史也比我們現在所構建的歷史譜系要悠久得多。職是之故，在我們討論東亞佛教史上究竟有沒有漢傳密教傳承這個問題之前，我們更應該首先理清到底什麼是密教這個更為根本的問題。

令人遺憾的是，儘管密教（怛特羅）於今日之西方世界已被追捧為「藝術和科學的綜合體，它承認作為人類的形而下和形而上的經驗。密教修習提供了個體一個與日常生活達到平衡與和諧的機會」，「是喚起一種對男人、女人和神靈關係的敏銳探索」，[9]而且迄今西方學界對密教的學術研究已有近二百年的歷史了，近年來國際學界對密教的研究也日趨繁榮，但是，迄今為止學界對密教依然沒有一個統一的定義，密教就像是「道可道、非常道」中的「道」一樣，成了一個以某種方式拒絕被定義的術語，學人們對密教的認識基本上處於盲人摸象，或者只見樹木、不見森林的狀態。

當代著名的南亞密教研究專家、法國學者 AndréPadoux 先生（1920-）曾經在二十世紀八〇年代這樣說過：「對密宗做出一個客觀而又科學的評判是不容易的，因為這一主題是富有爭議和令人費解的。對於密宗不僅專家們給出不同的定義，而且其真實存在有時也被否認。」[10]與此同時，另一位密教研究專家 Teun Goudriaan 先生也認為「給予密教——主要流行於過去一千五百年的印度宗教傳統之一——極端多樣而複雜的本質一個單一定義的處理幾乎是不可能的。因此，對於該詞的精確範圍有著普遍的不確定性。」[11]這種狀況造成

9　Tantra: The Magazine，轉引自Donald Lopez Jr., Elaborations on Emptiness: Uses of the Heart Sūtra, Princeton, NJ: Princeton University Press, 1996.

10 AndréPadoux, "Tantrism", The Encyclopedia of Religion, Vol.14, edited by Mircea Eliada, New York: Macmillan, 1987, p.272.

11 Sanjukta Gupta, Dirk Jan Hoens, and Teun Goudrian, Hindu Tantrism, Leiden: E.J.Brill, 1979, p.5.

的後果是，很少有術語像密教一樣在當代話語中看起來是如此普遍、如此廣泛地被使用，卻如此不明確、不恰當地被定義，通俗的和學術的二者均是如此。

　　當然，迄今為止已經有很多學者曾經嘗試過要給密教一個合適的定義，在近年出版的密乘佛學研究著作中，我們也常常見到對「密教」定義的討論，學者們對密教之源流的追溯、核心內容的詮釋和其歷史譜系的建構等問題，都有相當激烈的爭論。雖然這些爭論都還沒有達成一個大家都能接受的定論，但這些爭論本身卻為我們理解密教提供了極大的幫助。早在二十世紀五〇年代，英國著名印藏佛學家David Snellgrove 先生（1920-）曾經在他研究印藏密教無上瑜伽部母續《喜金剛本續》（Hevajra Tantra）時對密教下過一個頗具典型意義的定義，他以佛典中對「經」和「續」的明確區分而將佛教作顯、密兩種傳統的劃分。因為 Tantra（怛特羅），即密教，於藏文中譯作rgyud，譯言「續」或者「本續」，通常就是指與「經」（mdo，顯宗經典）相對應的「本續」（rgyud，密教經典），故 Snellgrove 把密教這一術語限定在其特定的文本應用上，而不把它更廣泛地運用到其宗教實踐體系中。此即是說，他把密教只限定為其標題中出現 Tantra，或者 rgyud 的那些文本，所以他提出的密教定義是：「密續這一術語涉及共通於印度教和佛教傳統的儀軌文本的清晰的、可定義的類型，它們通過各種密咒（mantra）、禪定（dhy'na）、手印（mudr'）、壇城（maṅ-ḍala）來召喚神祇和獲得種種成就。」[12]顯然，這樣的定義不

---

12 David L.Snellgrove, The Hevajra Tantra: A Critical Study, pt.1, London: Oxford University Press, 1959, p.138. 英國著名的佛教學者Richard Gombrich先生也曾對Tantra提出了一個類似的定義：「Tantras是佛教的，也是其它宗教的組成形式，是把禪定與複雜的儀軌相聯繫以此獲得解脫及神奇力量的方式。此教法是被秘密地傳授的。在宗教語境中，該詞基本上是指一種經典類型。梵文形容詞為tāntrika，即英文tantric的出

但不足以涵蓋作為一種宗教傳統的密教，因為密教首先應該是一種實修的方式，而且甚至也無法涵蓋所有密教的文獻。

眾所週知，有些佛教經典雖然其標題中也有 Tantra 字樣，但實際上並不是密教文本，例如被列為「慈氏五論」之一的 Uttaratantra（《究竟一乘寶性論》）；反之，有些佛教經典的標題中並沒有出現 Tantra 的字樣，但它卻是非常重要的密教續典，如《聖吉祥文殊真實名經》（Mañjurin'masagti），它被藏傳佛教徒列為密續中首屈一指的、最殊勝的一部密乘根本續，自宋、歷西夏至蒙元時代，它至少先後有四次被譯成了漢文，同時也還被譯成了畏兀兒文、西夏文和蒙古文等等。還有，最著名的大乘佛經之一《般若波羅蜜多心經》於藏文大藏經中既列於顯乘的「諸經部」，也見於密乘的「密咒部」，換言之，它既可以是「經」，也可以是「續」，或者說它是「總持」（陀羅尼）。後世的注釋家既有把它當作經，也有把它當作續來解讀者。[13]甚至，《心經》也可以用作密教的一種修法，在俄藏黑水城文獻中我們就見到過一部題為《持誦聖佛母般若波羅多心經要門》的密修《心經》成就法，源自西夏時代。[14]顯然，僅僅依靠佛經標題中有無 Tantra 或者 rgyud 的字樣來判定它是一部顯乘的經典、還是一部密乘的續典並不十分可靠。將密教狹隘地定義為作為文本的「本續」，不但無法揭示甚深、廣大之密教傳統的教法理路和實修本質，而且也不能包羅所有的密教文獻。

密教的「本續」雖然是五花八門的密教修行、儀軌的教法依據，

處。」Heinz Bechert and Richard Gombrich, eds., The Word of Buddhism, London: Thames and Hudson, 1984, p.292.

13 參見Donald Lopez Jr., Elaborations on Emptiness: Uses of the Heart Sutra, NJ: Princeton University Press, 1998, pp.78-104.

14 《俄藏黑水城文獻》，上海：上海古籍出版社，1999年，第三冊，第73-79頁。

但以它們為依據而由印度大成道者和歷代密教祖師們發展出來的用以指導行者實修的儀軌類文獻，如「修法」（s'dhana, grub thabs）、「教授」（gdams ngag）和「要門」（man ngag）等等，乃指導行者實修密法的指南，其數量遠遠超過「本續」，它們是密教文獻之不可或缺的重要組成部分。所以，僅僅以作為文本的 Tantra 來定義密教有其明顯的不足。為了彌補其不足，Snellgrove 還特別規定只有那些其中出現了「密咒」（mantra）、「手印」（mudr'）和「壇城」（maṇḍala）的文本，即擁有俗稱3M 的文本才能成為「密續」，或者密教。如此一來，雖然他為後人理解密教的修法提供了一個基本的線索，但他對密續的定義則更受限制。我們或可做這樣的理解，判定一種佛教教法是否屬於密乘佛教的基本原則就是要看這種修法中是否包含有 3M 的因素。換句話說，所謂「密教」一定得擁有「密咒」「手印」和「壇城」三大要素。[15]若此說成立，那麼 Sharf 的說法，即密教早在開元三大士之前就已經在漢傳佛教中出現，委實不無道理。

　　於二十世紀八〇年代，Padoux 曾經在他為《宗教百科全書》撰寫「密教」這一詞條時綜合其前輩的觀點，提出了一個一度相當有影響的密教定義，他指出：密教的教法「試圖將欲（k'ma）的一切意義不折不扣地服務於解脫──，不是為瞭解脫而犧牲現世世界，而是在救贖的角度上用不同的方式來鞏固這個世界。通過欲以及紅塵萬象可以取得現世和超世的利樂（bhukti）、成就（siddhis），並達到解脫（jīvanmukti），這種功用透露出了一些密宗大師在宇宙觀上的特定傾向，即將宏觀/微觀宇宙合一的完整宇宙觀。」[16]顯然，Padoux 對密

---

15 密咒、手印和壇城從來被認為是密教最基本和最主要的特徵，關於漢傳密教中的3M，參見Charles D.Orzech and Henrik H.S'rensen, "Mudr', Mantra, Mandala", Esoteric Buddhism and the Tantras in East Asia, pp.76-89.

16 "Tantrism", The Encyclopedia of Religion, Vol.14, p.273.Padoux 先生著述甚豐，最近

教的這個定義與藏傳佛教徒自己對密教的定義有相當程度的一致性。
我們在傳自西夏時代的一部漢譯藏傳密教文獻中見到過與 Padoux 上
述定義相類似的說法，其云「聖教中說：欲成就究竟正覺者，有二
種：一依般若道，二依秘密道。」「若棄捨煩惱而修道者，是顯教
道；不捨煩惱而修道者，是密教道。今修密教之人，貪嗔癡等一切煩
惱返為道者，是大善巧方便也。」[17]這裏所說的「般若道」和「秘密
道」顯然與前引《大智度論》中所說的「秘密」和「現示」是兩個完
全不同的範疇，它們確實就是分別指大乘佛教中的顯教和密教兩種傳
統，其中的「秘密道」或者「密教道」者，即是我們正在討論的密乘
佛教。而其根本思想，即將「貪嗔癡等一切煩惱返為〔成佛之〕道
者」，或者說「不捨煩惱而修〔佛〕道者」，即與 Padoux 上引對密教
的定義同出一轍。此即是說，在佛教的傳統中，顯教與密教的差別就
在於顯教要求行者必須斷除貪嗔癡等一切煩惱才能達到成佛的境界，
而密教則認為貪嗔癡等一切煩惱不再是成佛的障礙，而可以轉為道
用，成為通往成熟解脫的一條道路，行者可以在修習貪嗔癡、獲得大
喜樂的當下，體認「樂空無二」，即身成佛。

　　雖然 Padoux 對密教的定義可謂抓住了密教最關鍵的理論依據，
但它顯然更多地專注於密教修行的終極目的，而沒有將密教修行的內
容、性質、方法和特徵等也納入其考慮範圍，以致於過分寬泛而難以
用來界定密教的具體修行。晚近，美國密教研究專家 David Gordon
White 先生（1953-）在他主編的《實踐中的密教》（Tantra in Practice）
一書的導論中，用了很長的篇幅來討論密教的定義和歷史框架等問

又有一部專門討論印度教中的密咒的專著問世，題為Tantric Mantras：Studies on
Mantrasastra（Routledge Studies in Tantric Traditions），Routledge，2011.

17 《依吉祥上樂輪方便智慧雙運道玄義卷》，《大乘要道密集》上冊，臺北：自由出版
社，1962年，卷一，第9、26頁。

題，他給密教下了這樣一個暫時性的定義：

> 密教是一個亞洲信仰和修行實體，它主張「神性」（godhead）
> 孕育並維繫著這個宇宙，我們所感知的宇宙只是這種神能
> （divine energy）的集中體現，密教試圖以各種創造性和突破
> 性的方法，在人類中的「中千世界」（mesocosm）中通過儀軌
> 接近並與這種神力溝通。

　　White 的這個定義聽起來相當的抽象和哲學，然或正因其大而化
之，故可適用於亞洲所有地方性和區域性宗教，如印度教、佛教和耆
那教中的密教修行方式，成為一條富有價值和條例的準則。但是，它
似乎比前述 Padoux 的定義更加晦澀、模糊，顯得有點空山靈谷而不
著邊際，很難為普通的密教修行者和研究者們所理解和認同，也很難
與具體的密教修行方式和觀念聯繫起來，故它必須根據實際、具體的
語境進行補充和調整。為了彌補這樣一個概念性的定義的不足，
White 在他的這篇導論中還對密教修行的幾個關鍵性因素，即密教壇
城（maṇḍala，中圍，是溝通宇宙大千世界和個體小千世界的中千世
界，觀修中圍和觀修本尊一樣，是令小千世界和大千世界、行者和本
尊相應的一種修行方法）、密教灌頂（abhiṣeka，dikā，通過上師的灌
頂和加持將行者納入密教的傳承譜系中，種下覺悟的種子）、瑜伽
（yoga，通過風、輪、脈、明點的修習，獲大喜樂，成正等覺）、密
教性愛（手印母，mudrā，依行手印修欲樂定，得大喜樂，證樂空無
二之理）等作了相當詳細的討論，試圖用這些十分具體的密教因素來
為密教的界定提供更基本的依據。如果一種教法修行具備上述這幾個
最典型和關鍵的密教因素中的全部或者部分，那麼它就可以被稱為
密教。

顯然,在很難為如此複雜的密教做出一個十分恰當和可以一錘定音的定義的情況下,用羅列其宗教實踐中的最典型的特徵來描述和界定密教,採用所謂「多元化判教」(polithetic classification)的方式來敘述密教,實在不失為一種可取的權宜之計。所以,用這樣的進路來定義密教也已經成為其它密教研究者通常所採用的方法。當然,不同的學者羅列出來的密教特徵各不相同,從六個到十八個,不一而足。[18]例如 Richard Karl Payne 先生在他為他所編的《東亞密乘佛教》(Tantric Buddhism in East Asia)一書所寫的導言中就沒有對密教給出一個明確的定義,而是羅列了十餘條通常被認為是密教之理論和實踐的最典型的因素和特徵。若把它們歸納起來實際上也不出前述White 所歸納的密教壇城、灌頂、瑜伽和性愛等四個條目。[19]還有,Lopez 提出在前述3M 的基礎上,或許還可以加上諸如 guru(上師、喇嘛)、abhiṣekha(灌頂)、vajra(金剛)、sukha(喜樂)、sahaja(俱生)、siddhi(成就)等的一系列關鍵字,來更具體地描繪密教傳統及其主要特徵。[20]

四 密教與密續的判定

從以上的討論可知,迄今我們對密教的認識確實還沒有擺脫盲人摸象的狀態,所以,雖然我們可以根據上述對密教的定義辨別出印藏佛教或者東亞佛教傳統中出現過的密教修習因素,但很難判定作為一

---

18 Douglas Brooks列出十種密教特徵,見其 The Secret of the Three Cities: An Introduction to Hindu Śākta Tantrism, Chicago: University of Chicago Press, 1990, p.71; Teun Goudriaan列出十八種,見Hindu Tantrism, Leiden: Brill, pp.7-9.

19 Tantric Buddhism in East Asia, "Introduction".

20 Lopez, Elaborations on Emptiness, "TheHeart Sūtraas Tantra", pp.78-104.

個宗派或者一種傳統的「唐密」是否真的存在過。一方面，正如
Sharf 所說的那樣，密咒、手印、儀軌、偶像崇拜、祝禱、追求成
就、體認三密等可以被認為是密教因素的東西遠早於開元三大士就已
經出現；但另一方面，即使是所有被認為是開元三大士所傳的密教恐
怕也不可能涵蓋前述所有那些被認為是密教之主要特徵和因素的東
西。不管是密教，還是後人對密教傳統的判定（classification）和對
密教歷史的建構，它們都還處在一個不斷變化發展的過程之中。

　　漢傳密教史研究遭遇無法擺脫的困境，除了由於密教始終缺乏一
個清晰的定義以外，還有另外一個十分重要的原因，即漢傳密教歷史
的構建受到了印藏密教史的多方面的影響。二百年來，在西方學者所
構建的佛教史中，密教始終是被作為佛教衰亡期才出現的宗教運動，
所以，它的出現不可能太早。而將漢傳佛教中出現密教傳統的時間定
在開元三大士傳授「唐密」的時候，卻正好暗合了西方學者關於密乘
佛教的文本於西元七、八世紀才最初出現的時間認定。如果說構成密
教的根本就是它的文本，即所謂「本續」（Tantra），那麼迄今為人所知
的最早的「本續」是密乘佛教的《密集本續》（Guhyasam'ja Tantra）
和《喜金剛本續》（Hevajra Tantra），它們分別被認為是密乘佛教無上
瑜伽部的父續和母續部的根本續。[21]關於它們最早出現的年代，學者

21　對這《密集本續》的權威研究分別是Alex Wayman, Yoga of the Guhyasamājatantra:
　　The Arcane Lore of Forty Verses, Delhi: Motilal Banarsidass Publishers, 1977; Yukei
　　Matsunaga（松長有慶）, The Guhyasamāja Tantra: A New Critical Edition, Osaka: Toso
　　Shuppan, 1978. Wayman認為這部《密集本續》出現的年代應該是西元四世紀至五世
　　紀，而松長有慶則認為它應該更晚才出現，有可能是8世紀。對《喜金剛本續》的
　　研究則見David Snellgrove, The Hevajra Tantra: A Critical Study, I, II, London: Oxford
　　University Press, 1959.《喜金剛本續》通常被認為是8世紀時的作品。但Harunaga
　　Isaccson則認為《密集本續》應該是西元8世紀下半葉的作品，而大部分瑜伽母本續
　　（Yoginītantras），如《喜金剛本續》和《勝樂本續》等，以及它們的釋論，當是產
　　生在西元九世紀至十二世紀之間的作品。參見Isaccson, "Tantric Buddhism in India

間曾有過長期和激烈的爭論，或以為最早出現於西元三世紀（《密集本續》），或以為直到西元八世紀（《喜金剛本續》）才出現。目前學者相對而言普遍認可的說法是，密教本續的出現大概是在西元七世紀。[22]

毫無疑問，用作為文本的「密續」來定義作為一種宗教實踐的密教，這樣的進路完全不適用於漢傳密教。如果真有「唐密」存在的話，它們一定與作為文本的「密續」（即怛特羅）沒有關聯，至少和前述這兩部大瑜伽部（Yogatantra）和無上瑜伽部（或稱瑜伽母續部Yoginītantra）的密續毫無關係。因為這兩部密續的非常不完美的漢文譯本是在西元十一世紀初年的宋代才出現的，它們分別是施護翻譯的《一切如來金剛三業最上秘密大教王經》（即《密集本續》）和法護翻譯的《佛說大悲空智金剛大教王儀軌經》（即《喜金剛本續》）。它們不但出現的時間晚，而且即使在宋代也沒有對漢傳佛教產生過任何明顯的影響。密教無上瑜伽部的修習是從西夏時代開始經由藏傳佛教徒才在漢地傳播的。可是，如果我們同意 Snellgrove 對密教的定義，即將密教等同於作為文本的「密續」，並將漢傳密教和藏傳密教放在同一個判教體系中觀察的話，那麼說漢地於開元三大士時期（八世紀中）出現密教從時間上說卻大致符合，而 Sharf 等所主張的說法，即於此前很久漢地就已經出現了密乘佛教的因素，則於佛教史上反而遭遇了難解的年代學問題。

顯然，將密教等同於作為密教經典文本的「密續」對於理解漢傳密教、構建漢傳密教的歷史造成了巨大的困惑，如果我們非要堅持密教（實踐）是隨著密續（文本）的出現才興起的宗教運動，那麼我們

(From c.A.D.800 to c.A.D.1200)", Buddhismus in Geschichte und Gegenwart, Band II.Hamburg, pp.23-49.

22 Ronald M.Davidson, Indian Esoteric Buddhism: A Social History of the Tantric Movement, New York: Columbia University Press, 2002.

就無法解釋在開元三大士以前漢傳佛教中就已經出現的種種密教因素
和實踐。顯然，只有將作為宗教實踐的密教和作為宗教文本的密續分
開，我們才能對漢傳密教的歷史作出相對客觀的描述和理解。最近，
丹麥知名佛教學者、韓國佛教史研究專家 Henrik H.Sørensen 先生在
嘗試對漢傳密教作定義的時候，明確地將密教（Esoteric Buddhism）
和密續，或者怛特羅（Tantra）作了明確的區分，將長期以來被我們
籠統地稱為密乘佛教的東西分成了漢地的密教和印度、西藏的怛特羅
兩大部分，這無疑是一種十分明智的做法。如果我們查檢漢文大藏
經，不難發現在漢傳佛教中「怛特羅」這個詞彙出現的頻率極低，宋
以前也沒有出現過任何大瑜伽部和無上瑜伽部密續的漢譯本。密續本
來就是於七世紀才開始在印度出現，其後分別於藏傳佛教的前弘期
（七世紀中至九世紀中）和後弘期（十世紀中後期至今）兩次大規模
地被翻譯成藏文，被分別稱為「舊譯密咒」（gsang sngags rnying
ma）和「新譯密咒」（gsang sngags gsar ma），於西藏得到廣泛傳播和
發展。可見，漢地的密教傳統與於七世紀才開始出現的怛特羅無關，
它指的是早期佛教中所傳習的密咒、陀羅尼、手印和壇城的修法，形
成為另一個早期密教的修行系統。除了中、晚唐時期出現的真言宗或
可認為是漢傳密教的一個派（school of practice）或者一個宗
（tradition of practice）以外，中古中國確實沒有出現過一個密教的教
〔宗〕派。但密教，或者說 Esoteric Buddhism，確實曾經在漢傳佛教
中存在過應當說是一個不爭的事實。[23]

　　用「密教」（Esoteric Buddhism）和「怛特羅」（Tantra 或者 Tantric
Buddhism）這兩個不同的範疇來將漢傳和藏傳密教做出明確的區分不

---

23 Henrik H.Sørensen, "On Esoteric Buddhism in China: A working definition", Esoteric
　　Buddhism and the Tantras in East Asia, pp.155-175.

失為一個可行的策略，但是，不管是在兩種不同的密教傳統的具體修法實踐中，還是在佛教史研究這個學術領域內，實際上我們均無法將它們作出如此明確和截然的切割。首先，我們將面臨的是如何來分別定義密教和怛特羅這一難題，如果我們不僅僅將 Tantra 當作一種文獻類型，而是也把它當作與這些文獻相關的宗教實踐，那麼我們就很難明確劃分密教和怛特羅二者之間的差別。按照目前學界通行的說法，密乘佛法分成事部、行部、瑜伽部和無上瑜伽部等四大部類，其中的「根本續」（Tantra）為數寥寥，其中屬於瑜伽部的主要續典是《密集》，屬於無上瑜伽部（瑜伽母續）的主要續典是《喜金剛》和《勝樂》。它們當然與純粹的漢傳密教，或所謂「唐密」無關，漢傳密教的修習在藏傳密教於西夏、元代傳入漢地以前從來也沒有達到過無上瑜伽部這樣的高度，它們更應該是屬於較低層次的事部、行部的修法，最多也不過是瑜伽部的東西。

顯而易見，用這種目前為學界慣用的密教分類法來規範、判定漢傳密教傳統的源流和體系是反歷史和不科學的，將使漢傳密教史的構建面臨多重的困難。眾所週知，密教的四部分類法是藏傳佛教，特別是其後起的格魯派的習慣做法，是藏傳佛教在其引進、發展印度密教的過程中逐漸創立起來的一種判教傳統，在印度佛教中並沒有這樣明確的分類方法。換言之，藏傳佛教對密續做出的這種四重劃分法，其本身並沒有足夠的印度證據。據說其來源是因為有藏傳佛教論師在無上瑜伽部母續之根本續——《吉祥喜金剛本續》中見到了一個寓意不明的段落，它用極其神秘的語言提到了「微笑、凝視、擁抱和性愛」這四種神秘莫測的姿勢，於是，他們便將這四種神秘的姿勢用來和密續四種等級的劃分聯繫起來，將密續構建成一個由低及高的、連貫的整體。不僅如此，密續的四部分類法也絕對不是對密乘文獻的唯一劃分法，藏傳佛教中對密續種類的劃分還有五分、六分，乃至九分的分

法。[24]而這種對密續分成四部的分法在西藏最後形成的時間遠晚於開元三大士於漢地傳播密教的年代，用這種後出的分類法來規範此前早已存在的宗教實踐顯然是難以令人信服的。

五　西方學術對密教的想像和構建：極端的東方

雖然我們迄今依然無法對密教做出明確的定義，也就是說，到今天為止我們還說不清楚到底何謂密教？可是，密教這一範疇不但在西方大多數宗教學者的詞彙裏是一個基本的、常見的詞彙，而且它也已經成為一個在大眾想像中十分有魅力的東西，通常被打上「神聖的性愛」（sacred sex）的標籤，充斥於西方的流行文化之中。從這個角度來看，今天眾說紛紜的這個密教實際上並不是一個歷史的、客觀的存在，而是某種形式的西方思維的產物，是一個西方思維發展出來的錯誤概念。正如美國南亞密教研究專家、俄亥俄大學宗教學系教授 Hugh B.Urban 先生曾經指出的那樣，密教「是一個辯證的範疇（dialectical category）——很像沃爾特・本雅明所說的『辯證的想像』（dialectical image）——產生於西方和印度思想之間的映像和模仿（mirroring and mimesis）。它既不是單純的本土演化的結果，也不是少數東方學家的虛構，密教是同時發生在本土與他者之間的，由幻想、恐懼、願望滿足所構成的一種不斷變化的混合體，這擊中了我們對異域東方和當代西方的建構的要害。」[25]

---

24 Giuseppe Tucci, The Religions of Tibet, translated by Geoffrey Samuel, Berkeley: University of California Press, 1980, p.260.

25 Hugh B.Urban, Tantra: Sex, Secrecy, Politics, and Power in the Study of Religion, Berkeley: University of California Press, 2003, "Introduction: Diagnosing the 'disease' of Tantra", pp.1-43.Jonathan Z.Smith先生曾經於二十世紀八○年代提出過一個非常有影響力的命題，即所謂「想像宗教」（imagining religion），認為宗教本身是人類想像

　　密教雖然說不清、道不明，但它又確確實實曾經在東方存在過，
所以，我們不能說它只是一種純粹的殖民主義的想像物。但密教作為
一個統一的、獨一無二的、抽象的存在，無疑是西方幾代東方學家們
精心構建出來的一個「極端的東方」（The Extreme Orient），它在很大
程度上是現代西方學術的產物，它的建立經歷了一個複雜、曲折的創
造過程，受到了過度多樣的、相互衝突和矛盾的詮釋。[26]由於密教是
一個非常多變、遊移的範疇，它的意義隨著特殊的歷史時刻、文化環
境和政治背景的變化而不斷發生變化，所以，作為宗教史家，我們應
當批判地檢視以往學者們建構並處理密教的方式，並把他們對密教的
想像，與學者們所處的獨特的社會、歷史和政治背景緊密地結合起
來，以此來追溯這個有著獨特範疇的宗教的譜系。建構密教的譜系學
就是要結合特定的學術背景、意識形態和政治利益來追溯西方和東方
學家們定義和再定義密教的方式，使其成為一部宗教史的政治史
（political history of the history of religions）。

　　將諸多看似離散的錯綜複雜的現象構想到一個統一體，即一個共
同的概念——「密教」中來，是一個十分複雜和耗時的大工程，為此
西方學者們已經花費了不少的功夫，而且勢必還將花費更多的功夫才

的產物，是我們自己創造性的比較和歸納行為的產物。Jonathan Z.Smith, Imagining
Religion: From Babylon to Jonestown, Chicago: Chicago University Press, 1982. 而密教
這一概念的構建在一定程度上印證了Smith的這個「想像宗教」的說法，但其過程
或更為複雜。它不只是西方思維和學術想像的產物，而是一個東西方的、學術與大
眾想像的複雜、混合的創造。多年前又有學者對所謂「世界宗教」（world religion）
這個概念於19世紀的西方的創造過程作了類似的研究，參見Tomoko Masuzawa, The
Invention of World Religions, or, How European Universalism was Preserved in the
Language of Pluralism, Chicago: Chicago University Press, 2005.

26　關於這個過程參見Hugh B.Urban, "The Extreme Orient: The construction of 'Tantrism'
　　as a category in the Orientalist imagination", Religion, vol.29, 1999, pp.123-146.

能達成這一目的。[27]總而言之，西方人對密教的想像曾經是其對印度的整體想像中的一個關鍵的組成部分。知識的征服（conquest of knowledge）從來就是西方殖民計劃的一個關鍵部分，與西方殖民征服印度的過程相伴隨的是，印度也被逐步構建為西方最典型的、最重要的「他者」。印度被塑造成了一個激情的、無理性的、柔弱的世界，一片充滿幻想的、雜亂的土地，它被置於進步的、理性的、陽剛的和科學的現代歐洲的對立面。而密教在西方人構建這樣一個印度形象的過程中扮演了一個非常重要的角色。

　　首先，當十九世紀的東方學家和傳教士們開始構建一個叫做「印度教」（Hinduism）的抽象實體時，他們也開始把密教想像成為它的最主要的，也是最不值得讚揚的組成部分。他們將擁有吠陀和奧義書的古代印度定義為印度的黃金時代，而將開始實踐密教的印度定義為印度歷史上最黑暗的時代。於是，密教被他們稱為印度最糟糕、最愚蠢的信仰，密教的修行是世界上最不道德、最墮落的、最令人恐怖的宗教實踐。尤其值得一提的是，於西方人的視野中，密教往往與不道德的、淫蕩的性聯繫在一起，密教自始至終被不斷地色情化。這種傾向當然不是西方人對密教進行深入研究而得出來的結論，維多利亞時代的英國人對密教中莫須有的不道德的性和性變態的興趣顯然不過是他們對性的更廣泛的關注的一個部分而已。於十九世紀晚期和二十世紀早期，英國的中、高層階級一反清教徒對性十分拘謹的態度，開始著迷於性，並對性津津樂道。這種維多利亞時代幻想曾經沉溺於對性心理失常（sexual aberration）的認同、分類和列舉，也沉溺於對能夠想像的性變態或戀物進行詳細的科學描述。他們對印度人的性行為，

---

27 對此我們可以參考西方學者對佛教的發現和將佛教作為一個統一體和共同的概念的構建過程，Philip Almond, The British Discovery of Buddhism, Cambridge: Cambridge University Press, 1988.

特別是密教的所有修行儀式的興趣，不過是他們對於性和性變態的廣泛的著迷的一個核心部分而已。正如薩義德（Edward Said）先生曾經說過的那樣，殖民主義作為一個整體總是一個「性別的」（gendered）計劃。在西方殖民話語中，印度的男性總被描述成既軟弱、陰柔、好色、卑鄙、道德敗壞，而印度的女性總被想像得極度性感、魅惑、放蕩、對肉欲貪得無厭。無怪乎常常被表現得十分性感的印度女神迦梨成了印度女性的代表而被頂禮膜拜。將密教定性為猥瑣、下賤、墮落和放蕩等等，實際上暴露了維多利亞時代殖民印度的時代精神。

除了色情化密教的傳統之外，西方也存在著另一種浪漫化、哲學化密教的傳統。在西方密教學術史上，John Woodroffe 先生曾被稱為「當代密教研究之父」，是他開啟了純化密教的另一種傳統。Woodroffe 是一位具有雙重身份的傳奇人物，他的公開身份是一名英國殖民地的法官，曾任孟加拉檢察總長，但私底下卻對密教研究情有獨鍾，是一位傑出的密教學者，曾化名 Arthur Avalon，發表了大量研究密教的學術著作。他一反西方色情化密教的傳統，以捍衛密教傳統為己任，用力鼓吹密教不是一種荒謬、性放縱、不道德和邪惡的東西，而是一個高尚的、有哲理的、理智的宗教傳統。密教不僅與印度古典時代最崇高的傳統吠陀有基本的連續性，而且甚至也與歐洲科學的最新發現基本一致，符合西方最先進的科學和哲學觀念。這與今天美國哥倫比亞大學宗教係教授 Robert Thurman 先生將藏傳佛教說成是人類最偉大的心靈科學，聲稱藏傳佛教的傑出代表喇嘛在心靈科學領域所取得的成就遠遠超過西方研究太空的科學家們在空間研究領域所取得的成就有異曲同工之妙。Woodroffe 捍衛密教的這個傳統也為諸多後起的密教專家們所繼承，使得密教於近代學術背景中也曾被推崇為完全哲學的、高度理智的和純文字的一種宗教傳統。例如前面曾經提到過的法國密教學者 Padoux 就強烈反對把密教定義為主要是儀式或修行

的傳統，堅持認為密教首先以及最重要的是一種哲學以及思辨的形而上學的體系，具有一種極度複雜而且精妙的世界觀。

　　不管是性化了的密教，還是高度哲學化了的密教，它們顯然都是西方思維的產物，而不是密教的真面目。只有當我們把被我們叫做「密教」的傳統放置於以往它被不斷想像和建構時的十分具體的歷史、社會、經濟以及政治背景中來考察，把它當作一個在宗教歷史中非常具體的、歷史的——儘管非常混亂並有疑問——範疇來看待時，我們才有可能超越這種把密教作為外來的「極端的東方」的學術建構，從而開始對密教進行歷史的、客觀的研究。

六　「有機發展」敘事原理與密教歷史的想像

　　「想像密教」無疑是一個巨大的工程，而其中一個重要的子工程就是首先要完成對密乘佛教歷史的基本想像，否則就難以確定密教研究的資料範疇、解釋方法以及用於歷史知識結構中的意識形態等等，也就難以進而為密教研究在現代學術界合情合理地取得一席之地。有意思的是，我們通常所讀的歷史在很大程度上並不是那些成就歷史之具體事件和事實的產物，我們所寫的歷史常常無法如我們所期待的那樣十分客觀地還原歷史的真實（wie es eigentlich geschehen ist）。歷史經常是那些設置、建構歷史的歷史學家們的詩意的想像，是一種將這些事實置於某個傳統敘事結構中的想像。如同一切人類活動，西方學者們對印度佛教史的最初的想像過程也有自己的一段歷史。

　　美國芝加哥大學神學院教授 Christian K.Wedemeyer 先生曾發表過一篇題為《修辭、分類學與轉向：簡論佛教密宗歷史編纂源流》的文章，分析從十九世紀早期直至今日支撐著印度密乘佛教史結構的話語體系的演化，以及這種結構化（以及正處於結構化過程中）的敘述是

如何隨著對密教的研究的推進而發展變化的。[28] Wedemeyer 強調歷史的建構在很大程度上受到敘事形式的制約，後者不只是歷史學家在其中安放材料的外部包裝，而是一種不可或缺的認知工具（cognitive instrument），沒有這個工具我們根本沒有辦法獲得某種現象的「歷史」。迄今為止，歷史學家們最為常用的理想化歷史敘事模型就是將歷史當作一種有機發展的過程（organic development），任何故事、歷史都像人的一生一樣要遵循一個有機發展的周期，即如黑格爾「將任意給定文明的歷史以及文明本身劃分為四個階段，即出生與原生長時期、成熟時期、老年時期，以及瓦解和死亡時期」一樣。根據這一原型的觀點，如同植物和動物一樣，任何文明現象都會經歷一個出生、成長、成熟、衰落和死亡的過程，所以，所有的現象都可以被看作是在沿著這一軌道行進中的某個階段的產物。於是，任何城市、國家、思想流派、政黨，乃至宗教，都被放到這個模型中進行概念化，而其歷史過程中的各個事件也因循這個模型而得到了相應的解釋。

由於正當西方佛學研究濫觴的時候，佛教在印度的消亡已經是一個既成的事實。此即是說，佛教在印度已經完成了它的一個全部歷程，所以它被賦予了一種歷時敘事結構（diachronic narrative），人們可以講述一個佛教從生到死的完整故事。於是，西方佛教史的編纂便完完全全地使用了這一有機發展的歷史原型，這個敘事結構為佛教史家構建印度佛教的歷史提供了極大的便利，人們可以講述一個既熟悉又容易為人接受的完整故事。佛陀釋迦牟尼的出生就是佛教的出生，

---

28 Christian K.Wedemeyer, "Tropes, typologies, and turnarounds: a brief genealogy of the historiography of Tantric Buddhism", History of Religion40, no.3, (February 2001), pp.223-259. Wedemeyer先生最近將他反思西方密教歷史編纂學和密教研究的諸篇非常有啟發意義的文章集成一集，由哥倫比亞大學出版社出版，題為Making Sense of Tantric Buddhism: History, Semiology and Transgression in the Indian Traditions, 2013年。

佛教的小乘或者上座部時期是佛教發展史上的成長期，故其經典又被稱為「原始佛教」。緊接著出現的大乘佛教是佛教史上的成熟期，達到了佛教有機發展的頂點，於此佛教便不得不草草收場，進入佛教史上衰亡期，也即密乘階段。於是，佛教傳統中的小乘、大乘、金剛乘（密乘）的層級結構（以及密乘內部的事部、行部、瑜伽部和無上瑜伽部）被建構成為一個簡易的佛教教義史時間序列。換言之，原本被佛教思想家認為是一個佛教教義逐漸精緻化的玄秘序列，這下卻被現代史家敘述成為一個偽佛教經論發展的時間序列了。

　　按照這個有機發展過程構建起來的印度佛教歷史，密乘佛教自然就必須符合「衰落並滅亡」的經典敘事想像原型：一種曾經強大而充滿生機的文化難以抗拒世間喜樂之誘惑，人們放棄了以前對純真和美德的信仰，於是，人心不古，道德淪喪，社會變得頹廢不堪，一個盛極一時的文明終於走上了消亡的道路。所以，大乘佛教是佛教可以達到的頂峰，從此它便不斷遭到印度人懶惰和淫蕩的本性的侵蝕，於是虛假的經文（密教續典）紛紛出籠，行者被准許隨心所欲地做他想做的一切事情，密教修行成了放蕩淫逸的代名詞，宗教不過是為實現不知饜足的性的現實提供了一種宗教維度。當這樣一種有機發展史觀和敘事方式確立之後，佛教史家在構建佛教歷史的時候實際被給予的敘事空間已經很小，通常他們對情節結構的迫切需求遠遠勝過並取代了他們對有充分證據的具體內容的追求。所以，在一部完整的印度佛教史中，密乘佛教一定不可能太早地出現，密教經典形成的時間也一定要晚到足以為佛教的衰落承擔責任。當然，密教也一定與墮落、腐朽和衰亡聯繫在一起，必須與佛祖所傳的崇高道德和修法背道而馳，它也一定是以性道德的喪失和驕奢淫逸的社會風氣為其典型特徵的。

　　當佛教史上的這個有機發展過程一旦被建立起來以後，哪怕是最好的學者（如最精緻的語文學家）的最好作品，最終也不得不順從這

一幽靈般的共識，為此他們可以無視佛教實際上在密教興起之後依然在印度持續（並且事實上是繁榮了）好幾個世紀的事實，無視密乘佛教今日於世界範圍內呈方興未艾的繁榮局面，甚至也可以完全不理會這樣的一個事實，即所有佛教文獻中根本無法提供足夠的證據讓人得出上述這樣的一個結論，即密教是一個晚期出現的、導致佛教走向腐敗和衰亡的宗教傳統。事實的真相是：當我們已經確信這種說法時，我們便永遠無法透過想像敘述模型所布下的前景而看到事實的真相。如果有人敢於打破這種已經延續了近二百年之久的構建印度佛教歷史的基本想像，破除這種「有機發展」史觀，那麼，一部完美地構建起來的佛教史就會變得很不完美，就會引發出一長串亟待解決的新問題，甚至使整個佛教學術領域陷入一種令人沮喪的崩潰狀態。而回到傳統範式那種舒適和安全的懷抱或許是我們所有人的更好的選擇，這就是形成我們時常可以感覺到的一種頑固的和跨世代的學術保守主義的重要原因。也正因為如此，密乘佛教歷史的主流觀點能夠在沒有任何確鑿的歷史論據支持的情況下經久不衰，成為一種普遍認可的、官方的學術教條。

Wedemeyer 這篇鴻文雖然揭示的只是西方學界在印度佛教史的編纂過程中在有機發展史觀結構中的敘事原型對佛教史，特別是密教史想像過程的深刻影響，但它對我們檢討、反思漢傳和藏傳佛教歷史的構建和編纂過程同樣具有極其深遠的啟發和指導意義。迄今為止，不管是漢傳佛教史，還是藏傳佛教史的書寫，都或多或少地受到了這種有機發展史觀的影響，如果我們希望突破迄今主導佛教史寫作的這種「有機發展」敘事原型，我們必須把一部佛教歷史的編纂突破印度佛教史的範疇，而把它和漢傳和藏傳佛教史整合在一起。鑒於藏傳佛教作為碩果僅存的密乘佛教傳統今天不但沒有走向衰亡，反而在世界範圍內蓬勃發展的事實，我們很難再如此堅定地相信密乘佛教的出現是

佛教走向衰落和滅亡的標誌，或者說，我們不再應該把密乘佛教史當成是佛教史中的最後一個篇章——即佛教衰亡史，而應該開始更加尊重密乘佛教發展史中的重要歷史事實，重新開展真實的、富有建設性和創造力的密乘佛教史研究。當我們脫離前述敘事模型，拋棄既定範式，立足於更具批判性的態度來考量佛教史研究應該採取的範式，我們的研究就會使得許多以前視而不見的新信息浮出水面，並保證我們對密乘佛教史的新的想像的建構過程不像從前那樣武斷。譬如說，如果我們脫離「有機發展」這一歷史敘事模式來重新考量密乘佛教的歷史，那麼我們就既不會為密教因素於開元三大士之前就已經出現於漢傳佛教之中而感到驚訝，也不會對藏傳密教如今在世界範圍內得到廣泛傳播而覺得不可思議，因為密乘佛教的產生既不代表佛教衰亡的開始，它也還遠遠沒有到達該終結的時候。

如前節所述，將密教與性聯繫在一起是西方「想像密教」工程中的一大創獲，以至於在今天的西方世界密教幾乎就是「神聖的性愛」的同義詞，成為那些既不願放棄物質的喜樂，又希望獲得精神的解脫者們的最愛。有意思的是，在被「有機發展」史觀框定的密教史中，密教同樣與性結下了不解之緣，性愛成了密教修行的一個最中心的概念，密教儼然是一種放縱肉欲的宗教。事實上，文明衰落緊承道德（特別是性道德）淪喪出現的敘事方式，早已在古典歷史傳統中就已經得到確立，佛教史家於此不過是在他們對佛教歷史進行歷史想像時撿了個現成而已。值得一提的是，藏傳密教在漢文化傳統中也常常被人與性和房中術聯繫在一起，這個傳統緣起元末西番僧於蒙古宮廷傳播之所謂「秘密大喜樂禪定」，或曰「演揲兒法」。儘管漢族作家對藏傳密法一知半解，可深信不疑地將它視作宮中淫戲，其中緣由竟或也與漢族史家書寫王朝歷史時同樣秉持的有機發展史觀有關。於傳統漢族史家筆下，一個王朝必定要經過興起、成長、鼎盛和衰亡四個階

段，歷朝的亡國之君又沒有一個不是窮奢極欲，荒淫無恥的，而其無恥之極致則一定與不知饜足的淫欲有關。可以說，明初史家在對元末衰亡史進行歷史想像時也正好撿了個現成，西番僧所傳的秘密法為傳統的亡國之君的敘事模式提供了花樣翻新的、富有異族風情的好作料，從此藏傳密教也就再也難以擺脫被情色化的厄運了。

七 解釋密教修法的符號學進路

密教至今蓬勃發展，今人甚至將其列入「世界宗教」（world religion）之列，但也常常遭人詬病，其中的一個重要原因是密教修行中包含了五花八門的、匪夷所思的修法。西方學者常常將密教的修法指稱為「違背常理的」（antinomian），因為它的最受推崇的經典（Tantra）中說的話聽起來像是「瘋子的胡話」，它似乎是在建議它的信徒們不但違犯其自身傳統，即佛教的最根本的清規戒律，而且甚至也違犯人類正當行為的一切最根本的時代標準，它徹底地超越了人類最基本的是非、好惡觀念和日常倫理綱常。所以，密教曾被西方人認為是印度思想中最令人毛骨悚然的、墮落的東西，它們是如此的可怕、暴力、變態、下流和令人厭惡，以至於不應該讓它進入基督徒的耳朵中。[29]例如，密教中的所謂 5M 儀軌，曾令密教聲名狼藉。這個儀軌允許修行者吃肉（māasa）、吃魚（matsya）、喝酒（madya）、吃乾糧（mudra，或曰手印）和性交（maithuna），即以做極度違背佛教戒律的事情，最後甚至以一次性的狂歡來完成一次神聖的宗教儀軌（即所謂的「大集輪」儀軌）。還有，在密教大瑜伽本續中還常常出

---

29 參見 Urban, Tantra: Sex, Secrecy, Politics, and Power in the Study of Religion, "Introduction".

現以「五肉」（māasa）和「五甘露」（am ta）作供養的記載，而「五肉」指的是牛肉、狗肉、象肉、馬肉和人肉，「五甘露」則指的是大香（大便）、小香（小便）、人血、精液和骨髓等等。大家知道宗教學是一門「解釋學的」（hermeneutic）學科，對這些匪夷所思的密教修法及其宗教意義的解讀無疑是密教史家們必須首先解決的一個最基本的問題。[30]近兩百年來，學者們也一直在努力地弄清解讀密續的一個最基礎的問題：這些令人難以接受的表述究竟意味著什麼？可至今對此還沒有一個徹底令人滿意的答案。

　　於密教的現代學術中，學者們對如何來解讀這些違背常規的密教因素有過長期和激烈的爭論。儘管現今我們對密宗的教義和實踐的結構和範圍有了比較清晰的認識，但離結束這一場爭論還相差甚遠。迄今對此問題進行解釋的進路可以實用地分成兩種趨勢：其一是實指論（literalism），即認為密續準確地表達了它的本意，所以如何解讀它的問題不過是一個人為的偽問題。他們將密續當作直白的、字面的表述，斷言密續的作者準確地，而且僅僅準確地表明瞭他們所說出的話的本來意義。換句話說，密續的原始作者意圖表達的只是其字面意義，任何非純粹字面意義的問題只可能是「後來的注釋家」提出的。西方早期的佛教學家、東方學家們基本都持這樣的觀點，因為他們相信佛教中的密教運動來源於這樣一種希求，即放鬆傳統所規定的道德戒律，容許他們更自然地享受生命的快樂。其二則是喻指論（figurativism），持此論者認為密續作為隱秘的、密傳的經典，乃通過某種特別的密

---

30 關於佛教詮釋學早年有Donald S.Lopez Jr.主編的一部論文集，題為Buddhist Herme-
　neutics, Honolulu: University of Hawaii Press, 1988. 其中有兩篇文章涉及密教的詮釋
　學問題，它們是Michael M.Broide, "Killing, lying, stealing, and adultery: a problem of
　interpretation in the Tantras", pp.71-118；和Robert A.F.Thurman, "Vajra Hermeneutics",
　pp.119-148. 此論文集的漢譯本見《佛教解釋學》，〔美〕唐納德‧羅佩茲編，周廣
　榮、常蕾、李建欣譯，上海：上海古籍出版社，2009年。

碼，即通過「隱喻的」（figurative）和「象徵性」（symbolic）的語言
來表達自己的，後人必須破解其中的密碼，才能理解那些若按字面理
解似乎是違背人倫常規的表述和隱藏在奇異的肉類和令人噁心的體液
等表達背後的真正意義。

　　Wedemeyer 先生曾經發表過一篇題為《牛肉、狗和其它神話：大
瑜伽續儀軌和經典中的涵指符號學》的文章，對如何解讀佛教密續中
出現的那些違背人倫常規的因素提出了一種名為「涵指符號學」
（connotative semiotics）的新的進路，發人深省。[31] Wedemeyer 認為
不管是實指論，還是喻指論，這兩種解釋進路在處理密續中的那些有
違常理的表達時，實際上一樣把它們當作直接指意的自然語言
（directly denotative natural language）的實例，從而都忽略了這些傳
統的符號學的核心方面。他的這篇文章要論證的是，「密乘佛教大瑜
伽續採用了一種被稱為『涵指符號學』的指意形式，在這種形式中，
來自自然語言的符號（一種能指和所指的聯合體）在更高階的話語
中，是作為能指發揮作用的。那些在基礎層面發揮影響的──既在儀
軌的實修中，又在經文的敘述中──是在與更早期的佛教密續中和更
廣泛的印度宗教範式的重要對話中的某種有關淨和穢的文法
（grammar）。這表明，這種『違背常理論』（antinomianism）──遠
非代表『部落式』的實踐或者神秘的瑜伽密碼──反映了主流印度宗
教固有的關注。」

　　Wedemeyer 認為實指論和喻指論雖然都曾極大地推動了我們對密
續的理解，但它們各有其局限，密續文本的讀解顯然要比從「字面
的」和「象徵的」這兩種指意方式來理解其文本要複雜得多。我們在

---

31 Christian K.Wedemeyer, "Beef，dog and other mythologies: connotative semiotics in
　Mahāyoga Tantra ritual and scripture", Journal of the American Academy of Religion,
　Vol.75, No.2, 2007.

大瑜伽續中見到的話語是高度出人意料的，在符號學上是精妙複雜的，大瑜伽續系統中運用的不是自然語言的指意模式，而是稱為涵指符號學的更高等級的符號學系統中的指意模式。涵指符號學是法國符號學家羅蘭·巴特（Roland Barthes）先生創立的一種語言指意系統，它是指來自自然語言的一個完整符號，在更高級的系統中，不擔任一個所指，而是充當一個能指。舉例來說，巴特曾在一九五〇年代的《巴黎競賽》雜誌的封面上看到一幅一位非洲裔法國士兵向三色旗（法國國旗）敬禮的照片，於是巴特聯想到這張照片一定不只是要向讀者們無辜地傳達這位非洲裔士兵的外貌，而是為了通過這張照片表達一個更高級的內容，即通過這位愛國的殖民地居民的風采來表達「法國的帝國性」，即用這個符號來合理化法國在西非的殖民。在符號學上，觀者被這一張照片引誘進了一個法蘭西帝國「的確是事實」的意義世界。而這就是涵指符號學的功用。

與此相應，Wedemeyer 認為對在大瑜伽本續儀軌中出現的諸如「五肉」「五甘露」一類明顯違背人倫常理的東西，均無法用實指和喻指的指意方式來對它們作出圓滿的解釋，而必須揭示行者舉行儀軌時享用這些東西所隱含的指意過程（semiosis），必須理解這些物質在當時主流印度文化的主導語境下所意指的是什麼？顯而易見，與「五肉」「五甘露」接觸絕對違犯當時印度社會最核心的潔淨約束，所以在大瑜伽本續的儀軌和經典中對它們的指稱，只可能構成一個故意的指意過程。它們意指令人厭惡和具污染的東西。而大瑜伽續的行者享用「五肉」「五甘露」這兩種供養表達的正好就是行者對於傳統的淨、穢二元範疇的超越，意指行者證得了〔淨穢〕無二的覺悟狀態。若用通俗的話來形容這個涵指符號學的指意過程，即是：無二的覺悟狀態？這可是真的：看我連「五肉」和「五甘露」都吃了。在這個解釋體系中，我們已經沒有必要再去講究「五肉」「五甘露」是實指、

抑或喻指，重要的只是它們的意指功能。作為符號的「五肉」「五甘露」只是當它們在一個更高級別的系統中作為能指發揮作用的。而在外借符號的自然語言中，其實際的能指是隨意的。所以，困擾現代學術的問題——它們是不是大、小便——實際上偏離了主題。作為直接所指的牛肉還是人肉的實在的真實性本來就是無關緊要的，要緊的是它們在作為講話人的密教男女瑜伽士團體中所指的意義。

Wedemeyer 引進涵指符號學的解釋模式來詮釋大瑜伽本續中出現的「五肉」「五甘露」供養的意義大概還很難成為大家都可以接受的對此問題的共識，對於它的爭論勢必還將繼續下去，但他的這種嘗試無疑為我們解釋密教提供了一條十分有啟發意義的新進路。饒有興味的是，上述 Wedemeyer 所討論的佛教密續的解釋模式也見於藏傳佛教自身對如何理解密法儀軌、名相的討論中。藏族佛學家也曾提出過「實指」和「喻指」這兩種不同的方式，甚至也提出了「涵指符號學」的方式。在見於著名的漢譯藏傳密教寶典《大乘要道密集》中的一篇薩思迦三世祖師名稱幢所造的《大乘密藏現證本續摩尼樹卷》中，我們見到了作者對「如實作解」（sgra ji bzhin pa，即如其名，即「實指」）和「隨宜消釋」（sgra ji bzhin ma yin pa，非如其名，即「喻指」）兩種解釋法的討論。其中「一、『如實作解』者，即『母』等八親，及『婆羅門』等八類，通成一十六種，《本續》云『親母及親妹』等八種親，又雲『舞染金剛母』等八類是也。二、『隨宜消釋』者，將『母』等八親轉成『婆羅門』等八類。故《三菩提》云：『為母二生佛，女是勇健母，婦成魁膾母，姊妹為舞母，染是姊妹女。』將『世母』等八親之名而轉說成『染』等八母。」而或可引以為「涵指符號學」者，於此被稱為「連續灌頂者」（dbang dang rjes su'brel pa，意謂「與灌頂相聯結者」）和「等同功德者」（yon tan dang mthun pa，意謂「與功德隨應者」），即將實修時的手印（dngos kyi phyag rgya）呼為母等，並

成為其所具功德之象徵。即曰：「三、『連續灌頂』者，舉一手印而具八體，將密灌頂手印而呼為『母』等。四、『等同功德』者，以是手印約功德體辨，每一手印具十六德，方成『母』等，故《本續》前分第五品云：『因生眾生故，以智號曰母』。」[32]於此，手印只是一個涵指符號，實際所指則是佛母之功德。

　　此外，在同樣見於《大乘要道密集》中的一篇傳自西夏時代的修法儀軌《依吉祥上樂輪方便智慧雙運道玄義卷》中，我們見到了作者對於依行手印密修欲樂定，得證空樂無二之理、成正等覺的一段解釋性的描述，從中也可以看出上述詮釋密續之修法的三種進路，即實指、喻指和涵指，於此都得到了體現和運用。這段話是這樣說的：

　　　　若依大手印入欲樂定者，然欲樂定中所生覺受，要須歸於空樂
　　　　不二之理。故今依大手印止息一切妄念，無有纖毫憂喜，不思
　　　　不慮，凝然湛寂，本有空樂無二之理而得相應，即是大手印入
　　　　欲樂定、歸空樂不二之理也。今依密教，在家人則依行手印入
　　　　欲樂定，若出家者依餘三印入欲樂定，契於空樂無二之理也。
　　　　問：淫聲敗德，智者所不行，欲想迷神，聖神之所遠離，近障
　　　　生天，遠妨聖道，經論共演，不可具陳。今於密乘何以此法化
　　　　人之捷徑、作入理之要真耶？答：如來設教，隨機不同。通則

---

32 大薩思嘉知宗巴上師造、持咒沙門莎南屹囉譯，《大乘密藏現證本續摩尼樹卷》，元發思巴上師輯著，《大乘要道密集》，臺北：自由出版社，1962年，下冊，卷三，第4-5頁；藏文版見Grags pa rgyal mtshan, rGyud kyi mngon par rtogs pa rin po che'i ljon shing zhes bya ba bzhugs so, Sa skya bka''bum, Vol.3, The Complete Works of Grags pa rgyal mtshan.bSod nams rgya mtsho, compiler.Tokyo, 1968, pp.42/4/2-43/1/1. 關於密乘佛教中的語言及其意義問題的討論亦參見George R.Elder, "Problems of language in Buddhist Tantra", History of Religions, Vol.15, No.3 (Feb.1976), Chicago: The University of Chicago Press, pp.231-250.

皆成妙藥，執則無非瘡疣，各隨所儀，不可執己非彼。又此密
乘是轉位道（lam'khyer），即以五害煩惱為正而成正覺。亦於
此處無上菩提作增勝道。言增勝力者，於大禪定本續（大修習
本續、無上瑜伽本續）之中，此毋（母）本續，即為殊勝方便
也。前代密栗吗[口*束]師等依此路現身上而證聖果。《勝惠本續》
云：下根以貪欲中造著道門而修習者，應當入欲樂定也。其欲
樂定有十五門，若修習人依修習，現身必證大手印成就。[33]

　　顯然，按照作者的本意，對於在家人來說，修欲樂定就是與手印
母（明母、行手印）實修，故本篇之儀軌是實指；對於出家人來說，
修的手印不是行手印，而是記句手印、法手印和大手印等其餘三種手
印，故不是與明母實修，而是觀修，故對儀軌中的語言、符號我們都
不應該按其字面意義，而應該按其喻指的意義來理解，它是喻指；而
諸如「秘密大喜樂禪定」「樂空不二」「方〔便〕智〔慧〕雙運」「方
智交融」和「大手印」等等，儘管內含不同的實修方法，但其本身即
是「成正等覺」「覺悟」和「成佛」的同義詞，在這意義上說，它們
都不過是成佛這一概念的涵指符號。

八　漢藏密教與印藏密教研究的整合

　　從以上的討論中，我們不難看出漢傳密教研究和主流的密教研究
（印度、南亞和藏傳密教研究）基本上是相互脫離的，雖然對印藏密
教的定義、歷史建構和其象徵意義的闡釋等，都或多或少地影響到了

---

33 祐國寶塔弘覺國師沙門慧信錄，《依吉祥上樂輪方便智慧雙運道玄義卷》，《大乘要
　道密集》，上冊，卷一，第6頁。

漢傳密教的研究，但在西方學術界二者儼然是涇渭分明的兩個不同的學科。這樣的格局和整個西方佛學界內漢傳佛教，或稱東亞佛教的研究與印藏佛教研究互相脫離的局面是一致的。然而，密教研究的進步顯然必須依靠對印度、南亞、藏傳和漢傳密教研究的整合，只有將這些不同的密教傳統作為一個整體來研究，我們才能對密教的起源、歷史發展脈絡、變化過程等有一個更清晰的認識，才能最終脫離俗套的有機發展史觀，重構一部更貼近歷史真實的世界佛教史。

尤其需要指出的是，只有把漢傳密教的研究當成整個密教研究的一個有機組成部分，我們才能拓寬漢傳密教研究的視野，弄清漢傳密教的歷史脈絡，擴充漢傳密教的內涵，推動漢傳密教研究的進步。若完全脫離印藏密教傳統，漢傳密教勢必成為一個受時代限制的、孤立的宗教現象，以至於其存在與否依然還要受到學者們嚴肅的質疑。顯然，要打破以往對漢傳密教的這種理解模式，一個重要的途徑就是要積極開展漢藏佛學的比較研究。近年來，藏傳佛教的研究，特別是藏傳密教研究取得了巨大的進步，這無疑可以有力地推動漢傳密教的研究。藏傳密教是現存所有密乘佛教傳統中最全面、最正宗的傳承，也是最具代表性和最有影響力的一個傳統，而它與漢傳佛教有著千絲萬縷的聯繫。以往人們更多地從印藏佛教的角度來理解藏傳佛教，忽視了藏傳佛教中所包含的漢傳佛教的因素。事實上，藏傳密教的來源和早期發展或也部分地涉及漢傳密教的成分。近年來，敦煌漢、藏文佛教文獻研究的進步表明，漢、藏密教曾有互相影響和交融的部分。譬如，藏傳佛教中的觀音菩薩崇拜傳統的形成或與漢傳佛教中的觀音崇拜傳統有相當大的關聯，敦煌古藏文佛教文獻中與觀音崇拜相關的文本有些顯然與漢傳佛教中的同類文獻有類似之處。不僅如此，藏傳密教的形成和發展最初與敦煌有密切的關係。藏傳佛教的密乘傳統主要是在後弘期形成的，而其最初發源和發展的主要地區並不是吐蕃本

土，而是以敦煌為主的中國西北地方。最初的藏傳密教文獻皆出於敦煌地區，從吐蕃帝國於九世紀中的崩潰到西夏興盛的十二世紀，藏傳密教於西域地區（今日中國的大西北地區）廣泛傳播、蓬勃發展，可以說藏傳密教傳統部分就形成和發展於西域地區，而其中受漢傳佛教的影響和它對漢傳佛教造成的影響均毋庸置疑。

儘管和尚摩訶衍和他於吐蕃所傳的漢傳禪宗頓悟教法曾深受後世藏傳佛教史家詬病，甚至被妖魔化，使得漢傳禪宗教法在藏傳佛教發展歷史中的影響被後人忽視，但實際上藏傳密教中的一些重要的修法，如寧瑪派的「大圓滿法」和噶舉派的「大手印法」等都可能與和尚所傳禪法相關。從這個意義上來說，禪密同源之說或並非純屬空穴來風。此外，藏傳密教修法中最具代表性的氣、脈、明點的修法，以前多被人與漢傳道教的修法聯繫起來，甚至有人因此得出了道、密同源的結論。事實上，我們很難將藏傳佛教中的這些密脩儀軌與道教中與其相類似的修法等同起來，或者斷定它們之間確實存在有淵源關係，即使它們之間有明顯的相同之處。因為藏傳密教中的這些密修方法都有其明確的印度淵源可循，它們大都有傳自印度的文本可依，故不能將二者混為一談。例如，藏傳佛教中的「大手印法」是一個極為複雜的教法和密修體系，其中有顯教的成分，也有密修的成分，[34]其中顯教的成分或與漢傳禪宗佛教有一定的關聯，而其密修的部分，即其修法之精髓《那若六法》（Narōchos drug）中的修行部分，或有與道教的某些修法相類似的成分。但不管是顯教的大手印，還是密教的

---

34 參見Klaus-Dieter Mathes, "Blending the Sūtras with the Tantras: The influence of Maitrīpa and his circle on the formation ofSūtra Mahāmudrāin the Kagyu schools", *Tibetan Buddhist Literature and Praxis: Studies in its Formative Period 900-1400.* Ed.by Ronald M.Davidson and Christian K.Wedemeyer (Proceedings of the Tenth Seminar of the IATS, Oxford 2003, vol.10/4). Leiden: Brill, 2006, pp.201-227.

大手印，我們在印度佛教文獻中都能找到其源頭。同一種文化、宗教現象出現於不同的地域和不同的歷史時期，它們之間不見得一定有歷史的淵源關係，不見得不是你傳給我，就一定是我傳給你。它們也可能就是在不同的時間和地域發生和成長起來的類似的文化和宗教現象。但是，對印、藏、漢所傳密乘佛教傳統中的這些現象作深入、細緻的比較研究，無疑是推動密教研究進步的一條可靠的道路。

　　藏傳密教在西域和中原地區的傳播曾經對漢地密教的進一步流行和發展產生了極大的影響，這是這些年我們對黑水城漢譯藏傳密教文獻的發現和研究所得出的一個重要結論。如前所述，如果按照藏傳佛教對密教的四大部類分法，那麼漢地出現無上瑜伽部密乘經典的翻譯是在宋代，當時著名的譯師施護和法護等人至少翻譯了屬於父續的《密集》和屬於母續的《喜金剛》等大瑜伽部和無上瑜伽部的密典。但是，由於他們的這些譯本本身品質不高，其中還有大量的刪節，令人難以卒讀。而且，由於唐代漢傳佛教中的密教傳統未曾接續下來，漢地佛教徒缺乏理解和修習這類密乘修法的傳統和背景，故它們在當時並沒有引起較大的關注，更談不上流行，所以它們對漢傳佛教中密教傳統的繼承和發展並沒有造成很大的影響。可是，近年來我們陸續發現了一批自西夏、至蒙元、到明代所翻譯的無上瑜伽部密教經典，其中包括《喜金剛》《勝樂》《三菩提》等本續及其重要釋論和修法的漢文和西夏文的譯本。這些漢譯密教文獻的發現和對它們的研究，有望幫助我們徹底改寫漢傳密教的歷史。從這些文獻中我們可以得出這樣的結論，即藏傳密教無上瑜伽部的大部分典籍和修法，及至明初早已經在漢地得到了相當廣泛的傳播，它們不但吸引了大量西夏、蒙古和漢族的信眾，而且也對漢傳佛教造成了衝擊。元、明兩代漢族士人對藏傳佛教的尖銳批評或許可以理解為是它們對這種激烈的衝擊的回應和抵抗。更值得一提的是，漢傳佛教也並非對藏傳密教採取了一概

排斥的態度，相反早在元朝初年漢地就已經出現了顯密圓融的嘗試，出現了將漢傳的華嚴教法和藏傳的密教修法同時並舉，圓融如一的努力。[35]總而言之，藏傳密教在西夏、蒙元和明代傳播的歷史應該被視為漢傳密教歷史研究的一個有機組成部分，漢傳密教的歷史應該把屬於無上瑜伽部的藏傳密教傳統自西夏時代開始在廣大的西域地區和中原漢地傳播的歷史吸收進去，把它作為漢傳密教史的一個重要篇章。

---

35 元初僧人一行慧覺造長達四十二卷的《華嚴經海印道場懺儀》，嘗試整合漢傳的華嚴和淨土信仰與藏傳密教，宣導顯密圓融。其中大量引用如《吉祥勝樂輪本續》等藏傳密教無上瑜伽部本續。參見李燦，《元代西夏人的華嚴懺法──以〈華嚴經海印道場懺法〉為中心》，北京大學哲學系碩士論文，2010年。

第九章

接觸和比照：說「西藏問題」的國際背景

一　西藏在中國、「西藏問題」在世界

　　晚近二十餘年來，西藏日益受到國際社會的關注，「自由西藏」（Free Tibet）運動在世界範圍內風起雲湧。當今世界上大概沒有任何一個事實上並不涉及國際間直接的軍事、政治、經濟衝突的地區會像西藏一樣受到全世界如此熱切和持久的關注。這種局面的形成有其很深的國際社會和文化背景，在很大程度上，它甚至並不直接與作為一個物質存在的西藏相關，而更多地與一個想像的、精神的西藏密切相聯。然而，毋庸諱言的是，雖然中國政府一再強調西藏是中國領土不可分割的一個組成部分，「西藏問題」是中國的內政，但西藏無疑已經很深地捲入了世界輿論和國際地緣政治的風浪之中，它已經成為一個非常熱門的國際性話題。今天西藏出現任何風吹草動，中國政府在西藏的任何作為都會吸引國際社會的廣泛關注，將會直接影響到中國與西方各國的外交關係，直接影響到當下中國的國際形象，所以，西藏對於整個中國而言舉足輕重，對待「西藏問題」不管是在現實政治中，還是在國際輿論界，都絕對容不得半點的疏忽和懈怠。職是之故，一方面中國政府或者旗幟鮮明地強調「西藏問題」是中國的內政，不容外人干涉，或者根本否認有「西藏問題」的存在；但另一方面卻不得不必須花費巨大的力量，就西藏和「西藏問題」在世界範圍

內進行大量的對外宣傳，以緩和國際社會因「西藏問題」而與中國政府產生的不和諧，甚至緊張關係。

　　一個非常值得我們注意的事實是，現今國際社會熱烈關注和討論的，以及中國政府所必須應對的「西藏問題」，事實上與今日西藏各地區在現代化發展過程中出現的種種十分棘手和現實的問題嚴重相脫離，它在很大程度上不是真正的西藏的問題，而確實是一個超越西藏的「國際問題」。隱藏在表面熱鬧的「西藏問題」背後的是一個更深刻地與國際政治、社會和文化休戚相關的、有關人權、環保、和平、非暴力、和諧、民族認同、民族自決和傳統文化延續等普世的價值觀和理想的問題。關心「西藏問題」者，通常關心的並不是西藏地方和藏族社會在現代化和全球化進程中出現的種種棘手和具體的現實問題（real problem），而更多的是拿西藏出現的這些現實問題，甚至直接把西藏當作一個能吸引人的「話題」（Issue），或者說一個說事的由頭，圍繞這個「話題」引出了各種各樣的問題（question），或者責難，令中國政府難堪，使中國的國際形象受損。從而也使得「西藏問題」變得越來越複雜，東西方之間越來越難以就此進行理性的對話和討論，更不用說一起尋找最終解決的辦法了。通俗一點說，眼下國際社會討論的「西藏問題」常常脫離事關西藏政治、經濟和文化的具體問題，而是拿整個西藏來說事，以西藏為象徵和典型來討論我們眼下這個世界所面臨的所有巨大而難解的問題，並以此為背景和對照對中國政府在西藏的施政提出各種各樣的疑問和質疑，使得西藏問題日益敏感和難解，並成為中西間政治較量的工具。

　　進而言之，正因為「西藏問題」從一開始就是一個世界性的國際問題，它所涉及和關心的問題從來遠遠超越西藏實際存在的種種具體問題，所以，「西藏問題」自成為問題之後的每個不同時期的內容、實質和運作方式、走向等等，從來就不是包括西藏人在內的中國人可

以自行決定和左右得了的。相反，它通常是由十分關心「西藏問題」的西方世界來選擇和決定的。西藏在中國，可「西藏問題」在世界，西藏成為一個「問題」，更確切地說，它成為一個國際性的「話題」（Issue），從一開始到今天的百餘年間都是由西方世界實際操縱和控制的。西藏成為國際問題開始於二十世紀初英帝國主義對西藏的直接的殖民侵略，在英、俄兩大帝國為爭奪他們在中亞地區的主導地位而展開的長期的戰略對持和衝突，即著名的「大博弈」（The Great Game）中，西藏曾經是英俄雙方長期激烈爭奪、角逐的對象。在這樣的國際背景下，滿清政權和繼其而起的中華民國政府曾與以英、俄兩大帝國為首的西方帝國主義國家開展了長期的、十分艱難的外交交涉，以捍衛中國對西藏的主權。[1]最初的「西藏問題」的焦點就是中華民國政府與英、俄為首的西方列強有關西藏主權的激烈爭論，而它不但是由英帝國主義對西藏的直接軍事侵略引發，而且最終確立中國對西藏擁有「宗主權」也是英、俄兩個殖民大國「大博弈」的結果。

　　今天，西方世界又把西藏當作一個後現代的烏托邦，一個脫離物質現實的、理想的精神世界，遂使「西藏問題」成為一個和全世界所有人都相關的事關普遍價值和政治立場的問題。說嚴重一點，西方世界通過這種對西藏的香格里拉式的神話形象的塑造堂而皇之地實現了對西藏的精神殖民。今天牽動世界視線的「西藏問題」顯然是處於後現代的西方世界設計和規劃出來的又一個國際性的問題。總而言之，作為一個「話題」（Issue）的「西藏問題」實際上一直是在西方世界的播弄和操縱之下，而現實的西藏存在的種種問題則很少，也很難得到認真的關心，它們與那些涉及普遍價值觀和國際政治的大問題比較

1　參見馮明珠，《近代中英西藏交涉與川藏邊情——從廓爾喀之役到華盛頓會議》，臺北：故宮博物院，1996年。

起來實在微不足道。

面對當今世界在「西藏問題」上的幾乎一面倒的輿論導向和很多激烈而又不切實際的批評和譴責，國人顯然不明就裏，覺得莫名其妙，也難免有點張惶失措，甚至惱羞成怒，進而採取忌談、迴避的態度，或者乾脆否認「西藏問題」的存在。所以，一方面於國際社會西藏日益成為熱門的世界性話題，而另一方面中國卻很不情願承認有「西藏問題」的存在。值得指出的是，中國和世界在「西藏問題」上的著眼點完全不同，想的和說的都不見得就是同樣的問題。漢文中的「問題」一詞在英文中至少有 Issue（話題）、Problem（問題）和Question（疑問）等多種不同的意思，在「西藏問題」上，西方人更多地著眼於與西藏相關的一些重要「話題」（issue）和「疑問」（Question），而中國人自己或多半以為別人是專門來挑我們在西藏的「問題」（problem）的，而且顯然有點誇大其事，所以很不情願和他們一起來談論這些問題。[2]事實上，於此我們或應當如胡適先生所說的那樣「多研究些問題，少談些主義」，最好少把西藏當「話題」來談，相反應該正視和討論西藏存在的具體「問題」。因為，只有當我們能夠把「西藏問題」從「話題」變為「問題」，即把這個已經十分國際化了的「西藏問題」從對事關普遍價值觀和後現代烏托邦理想的「話題」的關注和利用，轉移到對當今處於現代化和全球化過程中的西藏地方所實際存在的種種具體「問題」（problem）和困難的關心和討論中來，我們才能正視「西藏問題」的真正焦點和實際困難，最終擺脫困境，為引起東西間激烈的政治和思想衝突的「西藏問題」的解決找到一條可行的出路。

2　在英語世界，「西藏問題」通常被稱為「The Tibet Issue」，或者「The Tibet Question」，這表明它是被當作遠比西藏出現的具體現實問題（problem）重要得多的「問題」（Issue和Question）來討論和處理的。

　　從國際性的「西藏問題」在過去一百多年的歷史進程中的變化和發展中，我們可以明顯地看出，東亞在過去的一百餘年中所經歷的區域秩序的巨變，實際上都離不開西方世界的巨大影響，甚至可以說，它們都是西方帝國主義和殖民主義在東亞侵略、擴張的直接結果和遺產。從表面上看，西方帝國主義在東亞的侵略和擴張早已經結束，其實不然，雖然物質的、軍事的殖民主義和帝國主義侵略、擴張早已經終結了，但精神的、觀念的殖民主義還方興未艾。前人有將帝國主義劃分為「實踐的」和「觀念的」兩種不同的形態，前者指的是西方列強對他國的赤裸裸的軍事侵略和物質佔有等等，而後者則表現為把西方的思想觀念作為普世的理念、真理灌輸、強加給他人，對他人實行精神的殖民。與此類似，也有人將帝國主義分成「接觸」（contact）和「比照」（contrast）兩種類型。「接觸」是指在西方和非西方國家之間發生的以物質的、政治的和軍事的衝突為標誌的直接聯繫，例如帝國主義的軍事佔有和殖民主義的貿易等等；而「比照」則是東、西之間一種精神的和非歷史層面上發生的兩極對比，它可以是正面的，也可以是負面的，但不管正面、反面，其中均隱含著帝國主義和殖民主義傾向。[3]負面的比照就是將東方描述成專制的、愚昧的、情緒的、迷信的、反科學的，而將西方說成是它的對立面，即民主的、自由的、理性的、科學的等等，以此為其赤裸裸的帝國主義、殖民主義的軍事侵略造勢。西藏在近二十餘年來被西方人神話化以前的任何時候都曾經是這種負面的典型的東方形象的最傑出的代表，榮赫鵬當年軍事入侵西藏的藉口之一就是西藏宗教領袖的保守、愚昧和獨裁，英帝國主義者不惜出兵遠征西藏無非是為了要幫助智慧、淳樸的西藏百

3　Tomoko Masuzawa, "From Empire to Utopia: The effacement of Colonial Markings in Lost Horizon", Positions: East Asia Cultures Critique, vol.7, no.2, Fall 1999, pp.541-572.

姓擺脫這種神權專制統治。

　而另一種兩極的「比照」是將東方設計為一個超越時間、超越歷史的，幾乎是非物質的理想空間，將它形塑為一個高度物質化的西方現實的反面和對治。這樣的東方通常被塑造成為一個古老、純潔、史前的，有時甚至是前人類的玄妙世界。當今西方世界對西藏所作的這種香格里拉式的想像就是這種類型的「比照」的一個非常典型的例子。顯然，這種精神化和神話化東方的「比照」同樣是西方帝國主義、殖民主義的一種表現，因為這樣的東方完全是作為西方的「他者」而設計、創造出來的，完全是西方人按照他們的意願，特別是他們對失落了的過去的懷戀而作的一種天才的想像和精心的設計，它與現實的東方無關。然而，當西方利用其在政治、經濟、文化和話語等方面的強勢和霸權，將他們設計的這種東方形象強加給東方，並要求將它化現為東方的現實時，這就是一種赤裸裸的精神殖民主義，凸顯出這種精神「比照」的帝國主義和殖民主義本質了。而我們今天面臨的「西藏問題」正好就是這種「比照型」帝國主義、殖民主義的一個典型代表，西方人設計了一個非歷史的、超越時空的香格里拉，一個虛擬的西藏（virtual Tibet），[4]而在現實政治中，他們又期待在西藏實現他們的這個夢想，希望將一個虛擬的理想世界變成西藏的現實，這就是當今這個世界所面臨的「西藏問題」的本質，也是「西藏問題」變得無限複雜和難以解決的一個重要原因。

　本文擬從以上所說的「接觸型」和「比照型」這兩種帝國主義和殖民主義的典型形式入手，觀察和分析「西藏問題」如何在國際化的

4　關於西方神話化西藏的歷史和批判參見Donald Lopez Jr., *Prisoners of Shangri-la: Tibetan Buddhism and the West*, Chicago: The University of Chicago Press, 1999; Orville Schell, *Virtual Tibet: Searching for Shangri-la from Himalayas to Hollywood*, Metropolitan Books, 2000.

背景中捲入地緣政治的漩渦，如何在擺脫不了的帝國主義和殖民主義的陰影下成為當今中國一個難以解決的「國際問題」的過程，觀察西方作為帝國主義和殖民主義的政治和軍事行為者，和思想觀念，特別是所謂普遍價值觀念的來源，是如何積極地、十分有效地確定了「西藏問題」的核心內容、組織結構及其發展走向的，揭示不管是「接觸型的」，還是「比照型的」帝國主義和殖民主義，西藏無疑都是西方帝國主義和殖民主義的對象。

二　英、俄帝國主義的大博弈和西藏「主權」之爭

　　從表面上來看，眼下「西藏問題」主要的關節點是西藏的「主權」歸屬問題。中國政府一貫強調，也一再要求外國政府公開承認西藏是中國領土之不可分割的一個組成部分這一事實，並將其與以達賴喇嘛為首的西藏流亡政府及其支持者之間的衝突定性為「分裂與反分裂的鬥爭」，再三聲明在「西藏問題」上除了「獨立」以外，可以與達賴喇嘛及其支持者們討論其它所有一切問題。[5]然而，令人覺得不可思議的是，迄今為止事實上沒有任何一個西方國家和政府公開否認過中國對西藏擁有主權，否認西藏是中國領土這一事實。即使是已經流亡海外五十餘年的前西藏地方政府首腦第十四世達賴喇嘛本人也一再公開承認西藏是中國領土的一個組成部分，宣稱他訴求的並不是西藏的獨立，而是西藏的自治，以及西藏傳統民族文化的延續。如此說來，若說「西藏問題」的關鍵是西藏的主權歸屬問題的話，那麼，看

5　早在一九九八年六月時任中共中央總書記的江澤民在和來訪的美國總統克林頓舉辦聯合記者招待會時就曾向世界宣佈，只要達賴喇嘛公開向世界宣稱西藏是中國領土不可分割的一個組成部分，並承認臺灣是中國的一個省份，那麼中國政府和他進行對話和談判的門是打開著的。

起來它不過是一個莫須有的偽問題，換句話說，實際上它根本就不存在。

可是，從另一層面說，達賴喇嘛的支持者們公然聲稱西藏是一個被佔領的國家，西藏應該是一個獨立的政體，西藏人擁有行使民族自覺的權利等等，世界範圍內如火如荼地開展的「自由西藏」運動常常以抗議中國佔領西藏為名組織大規模的遊行、示威活動。顯然，在西方國家的政府和民眾之間對西藏的主權歸屬問題存在著兩種互相對立的看法。那麼，這種互相對立的態度和看法又是如何形成的呢？對此我們不妨對歷史略作回顧，從中我們或可明顯地看出，它在很大程度上是近代帝國主義、殖民主義對西藏的殖民侵略的直接後果。有關西藏的主權歸屬的爭議首先是由英帝國主義對西藏直接的軍事侵略挑起的，而它最後形成今天這樣的結局又是英、俄在歐亞地區爭奪主導地位的「大博弈」所塑定的。換言之，二十世紀初大英帝國對西藏的殖民企圖是形成國際化的「西藏問題」的開始，而它在與俄國「大博弈」背景下對西藏主權問題所採取的所謂「戰略性的虛偽」（strategic hypocrisy）對日後的「西藏問題」，特別是西藏主權的歸屬問題的爭論設定了基調。[6]

就像民族、國家、民主、自由等詞彙和觀念一樣，主權、獨立等詞彙和概念也都是近代西方政治的產物。亞洲各民族和國家出現主權、獨立等意識，並為之奮鬥都是受到西方殖民侵略的刺激才開始的。清政府以及隨後的中華民國政府對它們在西藏的主權的強調和維

6　關於英帝國主義在西藏問題上所採取的「戰略性虛偽」的研究和論述詳見Dibyesh Anand, "Strategic hypocrisy: the british scripting of Tbet's geopolitical identity", The Journal of Asian Studies, Vol.68, No.1, 2009；本文中的相關「戰略性虛偽」的論述多得自Anand先生該文所述內容的啟發，同時也參考同氏Geopolitical Exotica：Tibet in Western Imagination, The University of Minnesota Press, 2008.

護無疑是英帝國主義對西藏的軍事侵略行為的最直接的反應和後果。
而在西藏地方政府高層和知識精英中出現獨立、自決的觀念和意識無
疑也與清、民國政府與英、俄帝國主義就西藏主權歸屬的長時間的爭
議緊密相連。眼下中國政府為了強調中國對西藏的主權往往訴諸歷
史，堅稱「西藏自古以來就是中國領土的一個部分」。從亞洲各國反
抗西方帝國主義、殖民主義的歷史來看，面對西方帝國主義的強權和
軍事優勢，亞洲被殖民的民族和國家為了爭取其民族和國家利益的有
限度的維持而可以訴諸的工具似乎唯有其悠久的歷史。但是，值得我
們深思的是，近代處於半殖民、半封建時代的積貧積弱的中國之所以
能夠在西方列強的侵略之下維持了對西藏的主權，它所依靠的除了包
括西藏人民在內的中國人民反抗帝國主義和殖民主義的頑強鬥志以
外，顯然不是我們言之鑿鑿的歷史依據，而是上述西方列強在西藏主
權問題上所玩弄的所謂「戰略性的虛偽」策略。

　　人們常常喜歡說「歷史是任人打扮的小姑娘」，或者說「一切歷
史都是當代史」，此或即是說，任何一段歷史都可以被不同的人，從
不同的角度、立場出發，選擇不同的歷史資料而予以截然不同的解
釋。借古諷今，借助歷史來為現實政治服務雖然是人們在國際政治和
外交爭奪中常用的一種「鬥爭的武器」，但要實現這樣的目的從來就
不是一件十分容易的事情，它也不可能在國際外交衝突和鬥爭中真正
成為其中起決定性作用的因素。因此，要借助歷史資料和事實來說明
西藏或者是，或者不是中國領土的一個組成部分，無疑都很不容易。
例如，當我們聲稱「西藏自古以來就是中國領土之不可分割的一個組
成部分」的時候，我們勢必面臨著一個解釋學上的難題，即我們若要
證成這個結論之正確就必須首先要預設「中國」和「西藏」都分別是
自古以來就存在，而且一成不變的地理概念或者政治實體，而這樣的
「中國」和「西藏」自然都是不存在的。因此，如果我們要討論歷史

上的西藏是否中國的一個組成部分，我們首先要給我們討論的這個歷史上的「中國」和「西藏」做出明確的定義。可是，不管是「中國」，還是「西藏」，它們在歷史上都是一個處於不斷變化和發展中的地理名稱或者政治概念。不管是作為地理區劃，還是作為政治實體，它們都無法與今天我們所說的「中國」（中華人民共和國）和「西藏」（西藏自治區，或也包括中國其它省區內的藏族地區）等而視之。

雖然古代的秦、漢、唐、宋、元、明、清等歷代中原王朝都與今日的「中國」有直接的關聯，都是中國古代歷史的不可割裂的組成部分，但它們和今天的「中國」又絕對不是同一個概念。同樣，雖然古代的「吐蕃」或者「西番」等與今日的「西藏」有密切的關聯，但不管是作為地理概念，還是作為政治名詞，二者也均不可同日而語。有鑑於此，我們實際上無法拋開中國古代歷史上各個具體朝代的歷史而來籠統地討論歷史上的西藏是否為中國領土的一部分，我們只可能客觀地研究中國歷史上各個不同時期西藏地方與歷代中央王朝之間的相互關係。

儘管作為唐朝之統治者的李氏家族實際上有明顯的胡人（突厥）血統，絕不能算是純粹的漢人，但中外史學家們似乎都已經習慣於將盛唐視為漢族文明的全盛時期和高峰。然而，同一時期的吐蕃卻才剛剛開始其有文字記載的歷史，西藏文明還處在其發展的源頭時期。崛起於今西藏山南地區的一個小邦——雅礱悉補野家族很快征服、兼併了其周圍的許多其它部落和小邦國，建立起了一個強盛的吐蕃王朝，並漸漸發展成為一個堪與大唐分庭抗禮的大帝國，與唐朝爭奪於廣大的西域地區的統治長達近百年之久。就在吐蕃成為大帝國的同時，很多著名的小國，如女國、附國、羊同、蘇毗等卻一個個地消失了。在當時代的漢、藏文文獻中，唐與吐蕃的關係常常被描述為「甥舅關係」，作為兩個獨立的政治實體，唐蕃雙方間的關係顯然是一種平等

的親戚關係，而不是互相隸屬的關係，故說吐蕃即是唐代中國不可分割的一個組成部分不免牽強。

　　蒙古人征服了世界，當然也征服了西藏，繼大蒙古國而起的大元王朝有效地統治了西藏地區近百年之久，對西藏歷史今後的發展造成了巨大的影響。毫無疑問，西藏曾經是元朝版圖之不可分割的一個組成部分，今日被人稱為「西藏三省」（bod kyi chol kha gsum），或者說「大藏區」（the greater Tibet）者，實際上指的就是元朝中央政府在西藏地區設置的「吐蕃三道宣慰司」，它們都是元朝中央政府直接統治的領土，是整個西藏地方隸屬於元朝的有力證據。[7]古代的西藏史家對「吐蕃三道宣慰司」未能正式成為元朝的一個行省而耿耿於懷，他們甚至提出因為它們是帝師的故地和釋教興盛之地，故其地位實際上等同於行省而聊以自慰，一廂情願地將「吐蕃三道宣慰司」列為元朝的第十一個行省。[8]顯然，聲稱「西藏自元朝以來成為中國領土之一部分」比聲稱「西藏自古以來就是中國領土的一部分」更容易在歷史教科書中找到令人易於理解和接受的證據和解釋。

　　但是，即使是對「西藏自元朝以來成為中國領土之一部分」的說法也照樣有人提出異議，當代的流亡藏人史家和西方學者都更樂於將元朝中國與西藏的關係說成是蒙古大汗和西藏喇嘛之間的純屬宗教性質的私人間的「施供關係」，否認元朝於西藏之統治的事實及其政治意義。[9]更有甚者，則乾脆否定蒙古人建立的元朝是「中國」，否認元朝歷史是中國歷史的一部分。因此，即使元朝切實地統治了西藏是無

7　參見沈衛榮，《元朝中央政府對西藏的統治》，《歷史研究》1988年第3期，第136-148頁。

8　達倉宗巴‧班覺桑布原著、陳慶英漢譯，《漢藏史集》，拉薩：西藏人民出版社，1986年，第165-166頁。

9　rTsis dpon Zhav sgab pa, Tibet：A Political History, Yale University Press, 1967, p.71.

可爭辯的事實，但這也不能成為「自元朝以來西藏成為中國領土之不可分割的一部分」的理由，因為元朝是蒙古人統治的王朝，它不是中國。這樣的觀念甚至連被稱為「民族魂」的魯迅先生當年也未能幸免，他好讀書，喜歡隨便翻翻，「到二十歲，又聽說『我們』的成吉思汗征服歐洲，是『我們』最闊氣的時代。到二十五歲，才知道所謂這『我們』最闊氣的時代，其實是蒙古人征服了中國，我們做了奴才。直到今年八月裏，因為要查一點故事，翻了三部蒙古史，這才明白蒙古人的征服『斡羅思』，侵入匈奧，還在征服全中國之前，那時的成吉思還不是我們的汗，倒是俄人被奴的資格比我們老，應該他們說『我們的成吉思汗征服中國，是我們最闊氣的時代'的」。[10]可見，即使在魯迅先生的眼裏，成吉思汗也不是中國人的汗，蒙古人在中國建立的征服王朝也不能算是「中國」。時至今日，持這樣觀點的西方人依舊大有人在，在他們看來，即使蒙古人統治了西藏是不爭的事實，但這也難以成為「西藏自元朝以來成為中國領土之一部分」的理由。可是，如果我們必須把蒙古人統治的元朝歷史從中國歷史中割裂出去，那麼，這豈不是說中國只能是漢人建立和統治的國家，中國歷史只能包括那些漢人建立的王朝的歷史嗎？如此說來，連唐朝歷史或也不能算作中國歷史的一部分了。那麼，我們口口聲聲所說的這個「中國」究竟是什麼呢？顯而易見，歷史是不能被如此隨意地割裂開來的，嚴格說來，一個純粹由漢人組成的中國在歷史上就不曾存在過，歷史上的中國應該就是一個多民族組成的國家。

與元朝的情形相類似的還有清朝，他們都不是由漢人建立和統治的王朝。西方人同樣無法否認清朝有效地統治和管理了西藏地方的歷史事實，但他們同樣認為清朝不是漢人，而是滿族人建立的王朝，故

---

10 魯迅，《隨便翻翻》，《且介亭雜文》。

也不應該稱滿清政權為中國，不能在大清帝國和中國之間劃等號，所以，清朝對西藏的有效統治同樣也不能成為西藏是中國領土之一部分的歷史依據。如此，滿清王朝的歷史同樣也被從中國歷史中割裂了出來。可是，當一九一一年辛亥革命推翻清朝統治時，西藏與清帝國內其它各省區一樣宣佈獨立於滿清王朝的統治，自此至一九五一年間，西藏地區與推翻滿清王朝後建立起來的中華民國政府的關係若即若離，西方史家因此而樂於稱此時的西藏享受了「事實上的獨立」。殊不知，這個「事實上的獨立」從理論上說它只是表明當時的西藏和中國其它各省區一樣要獨立於被認為「不是中國」的清朝，它甚至不是獨立於隨之而起的中華民國，更不能說是獨立於「中國」。可見，用清末西藏地方政府一度宣佈「獨立」於滿清王朝作為西藏曾經「事實上獨立」於「中國」的證據相當牽強，同樣也是不符合歷史事實的。十分具有諷刺意義的是，就是在這段對於中華民國政府而言內外交困、腹背受敵的時間內，中國對於西藏擁有「宗主權」這一觀念卻成了以英、俄為代表的西方帝國主義列強們的共識，中國因此而至少在名義上保全了對西藏的主權擁有。[11]

　　將「中國」狹隘地理解為一個純粹由漢人組成和統治的國家顯然與中國古代歷史的實際不相符合，將元帝國和清帝國均因此而排除於「中國」之外，將元朝、清朝的歷史從中國歷史中割裂出來，然後來討論歷史上的西藏是否為中國領土的一個組成部分無疑是一種非歷史的做法。如前所說，「主權」概念是一個近代才出現的西方政治概念，要在前近代的中國歷史上為一個近代的西方政治概念作注腳，這也不是嚴肅的歷史學家能夠做得到的事情。從不同的立場出發，以不

---

11 關於從清末到民國的轉變參見周錫瑞著、賈建飛譯，《大清如何變成中國》，《民族社會學通訊》，2012年。

同的視角來看待同一段歷史，就會得出截然不同的理解和看法。在今天的西方學界我們常常可以聽到這樣的說法，說由於漢人建立的明朝沒有像元朝和清朝一樣擁有無比強大的軍事力量，它沒有能力征服和統治西藏，所以，明朝中國和西藏並沒有發生實際的關聯，換言之，西藏並不是明朝中國的一個組成部分。這樣的說法事實上毫無依據，完全是無知者的信口開河。就因為明朝和元朝、清朝不同，它不具備足以征服世界的軍事力量，即假說明朝沒有征服西藏的軍事力量，這無疑只是一種想當然的臆測，完全不符合當時的歷史事實。試想明朝的永樂皇帝有力量派鄭和七下西洋，難道他的朝廷竟然連征服一個完全非軍事化的西藏的軍事力量都沒有嗎？客觀地說，軍事佔領西藏至少對於永樂年間的明王朝而言並非一件難事，只是明朝沒有需要對西藏動武的理由。我們在明代藏文歷史文獻中多次見到了這樣一則故事：被認為是當時最有權勢和軍事實力的帕木竹巴萬戶長紮巴堅贊（Grags pa rgyal mtshan, Phag mo gru pakhri dpon）聽到傳言說大明永樂皇帝對他的行為極為不滿，即將發兵進藏討伐，於是他驚恐萬狀，到處央求諸派上師能為其作保，並攜其侄子入朝，代他向永樂皇帝效忠和求情。[12]這則故事充分表明，即使明朝從未在西藏動武，但明朝中央政府對西藏地方有著強大的政治和軍事威懾力。事實上，明朝建立初期完全接管了其前朝在西藏的各種統治制度和設施，恢復了元朝時期的全面的官僚統治。只是那個時代的漢藏關係並不以確立明王朝對於西藏的隸屬關係，或者說主權統治為目標，他們一定還不知道「主權」為何物，所以根本不需要為維持對西藏的主權而煞費苦心。對於明朝廷來說，能夠維持一個相對鬆散的統屬關係、維持漢藏

---

12 事見張潤平、蘇航、羅炤編著，《西天佛子源流錄——文獻與初步研究》，北京：中國社會科學出版社，2012年，第165頁。

邊境的安寧就是其最主要的目標。相反大量來自西番的喇嘛和權貴們
卻紛紛以能夠進京入朝為榮，十分熱衷於得到明朝廷的冊封，以取得
朝廷命官身份，故十分踴躍地進京朝貢和來內地從事商品貿易。當
然，他們同樣不明白，也不在乎明朝和西藏之間的主權歸屬問題。事
實上，自九世紀中吐蕃王朝崩潰以後，西藏地方再沒有實現過真正意
義上的統一，自從西藏成為元朝治下的「吐蕃三道宣慰司」以後，長
期以來也沒有出現過激烈的以「獨立」為訴求的軍事行動。真正嚴重
影響了明代漢藏關係的反倒是漢人傳統的「夷夏」觀念，明代漢族統
治者常以「懷柔遠夷」的心態來對待西藏這樣的邊疆民眾，而不真正
把遠夷看作是他們應當一視同仁的子民，其結果是將本來已經是大明
的「編戶齊民」的西番民眾重新推回到了化外邊民的地位。[13]

　　顯然，對於二十世紀以前的漢、藏兩個民族的人來說，「主權」
和「獨立」等都是十分陌生的概念，據說在二十世紀以前的藏文文獻
中根本就沒有出現過「獨立」這樣的詞彙。西藏人第一次正式對外宣
佈「獨立」，應該就是前述辛亥革命後與內地各省一起宣佈獨立於滿
清王朝的統治。但是，辛亥革命後不久孫中山先生創立了中華民國，
並立即宣佈「五族共和」，理論上西藏很快又被納入了中華民國的統
治版圖之內，儘管中華民國內憂外患，除了通過艱苦的外交努力，積
極維持在西藏的主權要求以外，很難對西藏實施直接的軍事控制和官
僚統治，西藏處於「獨立」或者「半獨立」的狀態將近四十年之久。
當然，西藏終究未能獲得真正的獨立，當五〇年代初中國人民解放軍
入藏，西藏獲得和平解放，它重又被納入了中華人民共和國的版圖。
而此時儘管西方世界反共、反華的浪潮甚囂塵上，卻沒有任何一個西

---

13 參見沈衛榮，《「懷柔遠夷」話語中的明代漢藏政治與文化關係》，見氏著《西藏歷
　 史和佛教的語文學研究》，上海：上海古籍出版社，2010年，第586-613頁。

方國家，甚至包括曾經軍事侵略過西藏的大英帝國，站出來支持西藏的獨立，相反他們都承認中國對於西藏擁有主權，承認西藏是中國領土的一個組成部分。

那麼，為什麼在當時西方世界十分仇視共產主義和新中國的國際大背景下，西方列強居然沒有一個站出來支持西藏獨立呢？顯然，這不可能是中國人的歷史訴求，即對歷史上漢藏關係的敘述說服了西方列強，讓他們接受了中國對西藏擁有主權的說法。於此起關鍵作用的真正的原因即是前述大英帝國，或者說其代表者英屬印度政府在西藏問題上所採取的一貫的「戰略性的虛偽」（strategic hypocrisy）政策。所謂「戰略性的虛偽」簡單說來就是英印政府對待西藏所採取的「中國宗主權和西藏自治」（China Suzerainty and Tibet Autonomy）的政治模式，並將此作為西藏之地緣政治認同（geopolitical identity）。此即是說，英印政府表面上，或者說在外交層面上，承認中國對於西藏擁有「宗主權」，但在實際層面上又讓西藏享有充分的自治，在它與西藏的實際交涉中幾乎視西藏為一個獨立的國家。此即是說，英印政府表面上承認的中國對西藏擁有「宗主權」的做法，是一種「戰略性的虛偽」，只不過是為了外交上的方便而與中國政府虛與委蛇的一種做作，這在它當時與中國，以及西藏地方的實際交涉中並沒有實際的約束力。

回顧西方世界與西藏的交往可知，在二十世紀以前，真正到過西藏的西方人極少，對於整個西方世界來說，西藏還是一塊「空白地」（blank space）。雖然，在一七七四至一七七五年有 George Bogle，一七八三年有 Samuel Turner，一八一一年有 Thomas Manning 等西方人分別出使過西藏，但它們都沒有取得實際的結果。整個十九世紀，西藏地方政府採取閉關鎖國政策，故西藏對於西方世界來說是一個禁區（Forbidden Tibet）。英帝國主義曾經嘗試用各種各樣的辦法來打開西

藏的大門，特別是曾經企圖通過滿清政府的干預而與西藏地方當局發生關係，但均告失敗。與此同時，當時的達賴喇嘛卻與俄羅斯沙皇的使臣、布裏亞特蒙古人德爾智（Agvan Dorjiev, 1854-1938）交往甚密，引起了英國人的警覺。為了在「大博弈」中不居於俄羅斯之後，英國政府決定率先出手，單方面對西藏採取直接的軍事行動，以殖民征服的手段來奪取英帝國主義在西藏的主導地位。一九〇四年，榮赫鵬（Frances Younghusband, 1863-1942）率英印軍隊入侵西藏，開始了對西藏直接的軍事和殖民行動。

英帝國主義在西藏的直接的軍事行動不但引起了滿清政府以及隨後的中華民國政府在西藏主權問題上的覺醒，而且也引起了俄國政府的強烈反應，導致了「西藏問題」的前所未有的公開化和國際化。不少以前可以模糊過去的問題現在都需要有明確的答案，例如「何謂西藏？」「誰在主宰西藏？」「西藏地緣政治的邊緣又在哪裏？」等等。首先，英國對西藏採取的直接的軍事行動劇烈地改變了中國人的西藏觀，對於在西方殖民侵略日益迫近和加劇的國際背景下正在努力構建民族國家的中國來說，清帝國對於西藏的傳統的十分鬆散的政治控制已經越來越不再可以被接受了，中國必須明確其對西藏的主權要求，為此民國政府開始了長期和艱難的外交努力，竭力保全中國對西藏的主權。而為了盡可能地不激怒中國政府，同時又和俄羅斯維持在「大博弈」中的均勢，英帝國主義者創造出了一種在處理「西藏問題」上的獨特的政治術語/模式，即「中國主權和西藏自治」。

為何英國人在西藏問題上採取的這種政治模式被學者稱為「戰略性的虛偽」呢？這或與有人曾將「主權」稱為「一種有組織的虛偽」（an organized hypocrisy）有關。按照西方國際關係學和政治學家們的觀察，國家實際上從來就沒有像有些人設想的那樣有主權，綜觀歷史，驅動統治者們的動力常常是一種把守住權力的欲望，而不是對某

些國際原則的抽象的堅守。有組織的虛偽，即那些常常被違背的永久的規範（longstanding norms）的存在，是國際關係中的一個持久的特徵。[14]而「主權」實際上就是一種常常被違背，但繼續作為國際關係的永恆原則而長期存在的規範。英帝國主義者承認中國對西藏擁有「宗主權」明顯是它當時在處理與中國、俄羅斯等國之關係時採取的一種障眼法，是一種憲法式的虛構和政治做作，所以說它是「一種戰略性的虛偽」，因為它僅僅是為了外交雙方的便利而做出的一種政治上的偽裝，在當時的背景下對於英帝國主義者而言它並沒有實際的意義。可是，就是當時制定這一政策的英帝國主義者大概也沒有想到，這種政治術語/模式卻持久地塑定了今後「西藏問題」的特徵和發展趨向。由於他們將「中國」和「西藏」的關係確定為「宗主權」和「自治」，而不是「主權」和「獨立」的關係，所以，從一九〇四年以來的清和隨後的民國政府與英國，有時也包括西藏地方當局作為協力廠商的一系列談判和簽訂的種種不平等條約中，英國都堅持給與中國以對西藏的「宗主權」。這樣的政治術語，不但為日後保全中國對於西藏的主權提供了有力的幫助，而且也在很長一段時間內阻止了西藏地方當局的「獨立」訴求，甚至也對今天的達賴喇嘛無法公開尋求西藏獨立產生了深遠的影響。西藏地方政府只是在一九四八至一九五〇年間才開始認真地尋求國際社會對其獨立的承認，但這樣的訴求不是被忽略，就是被西方阻止了。而當一九四八年印度取得獨立以後，英國對待西藏所採取的這種「戰略性的虛偽」對於保障英屬印度之安全的目的變得不再重要，英國政府從此不再積極地支持西藏的「自治」，更不要說支持其「獨立」了。而它對於「中國宗主權」的肯定

---

14 Stephen D.Krasner, Sovereignty: An Organized Hypocrisy, Princeton, NJ: Princeton University Press, 1999.

則對中國於西藏的主權擁有的保持起了重要的作用，中國政府從來就將本來定義曖昧不明的所謂「宗主權」一律解讀為直接的「主權」。而當直接的、物質的殖民主義時代結束之後，即在去殖民化之後的國際社會中，本來定義不明確的「宗主權」就變得毫無意義，成了「主權」的同義詞，或者乾脆被「主權」所代替。在殖民主義時代或可有「宗主國和自治」這種形式存在，到了後殖民主義時代，「主權國家」的原則便成為處理國際政治關係的唯一方式。一九五一年，中華人民共和國政府與西藏地方當局簽訂的《十七條協議》在很大程度上再次確認了英帝國主義確立的這種「宗主權和自治」模式，只是其中的「宗主權」被明確地改變成了「主權」。

從以上的討論中我們可以看出，西方，確切地說是英帝國主義者，在設定現代西藏之地緣政治認同的基調時，即為中國與西藏的關係設定為「宗主國與自治」的模式時，實際上已經充當了今後的中國政府借用「主權」這一西方現代政治術語，確認中國對西藏擁有主權這一事即時的同盟軍。不管是英帝國主義者當年對西藏的直接的軍事侵略，還是日後他們與中、俄等國開展的一系列外交談判，其首要的動機都是為了維持英、俄兩國在「大博弈」中的均勢和主導地位，而不是為了幫助西藏脫離中國而獲得獨立，相反他們在外交上所玩弄的「戰略性的虛偽」的伎倆，實際上為中國今後確保對西藏的主權擁有提供了直接的幫助。

三　「神話西藏」與西方對西藏的精神殖民

英帝國主義者當年設定「中國宗主權和西藏自治」模式距今已近百年，可它對今天世界範圍內的「西藏問題」的影響無疑依然可見，西方世界在「西藏問題」上所採取的一貫的「戰略性的虛偽」態度也

依然昭然若揭。目前，西方各國政府表面上都承認西藏是中國領土的一部分，肯定中國對西藏擁有主權這一事實，這可以看作是對上述英帝國主義設定的處理「西藏問題」模式的延續，這大概也是如今在國際社會如魚得水的達賴喇嘛不公開提出西藏獨立訴求，而堅持西藏自治主張的重要原因之一。但是，於今天的西方輿論中，西藏通常被稱為「一個被佔領的國家」（an occupied country），[15]而達賴喇嘛則被稱為是「西藏人民的政治和精神領袖」（political and spiritual leader of Tibetan people），幾十年間在全球範圍內發展迅猛的「自由西藏」最初就是一個「為結束中國對西藏的佔領而開展的運動」（campaign for an end to the Chinese occupation of Tibet），這說明中國對西藏的主權實際上並沒有在西方世界得到普遍的承認和真正的尊重。如此說來，當今的這個國際化的「西藏問題」並沒有完全脫離有關西藏主權的紛爭，西方在「西藏問題」上的政治立場顯示出對中國主權利益的明顯的不尊重和損害，所以，「西藏問題」對於中國政府而言，它確實還是「一場分裂和反分裂的鬥爭」。[16]

但是，不可否認的是，眼下的「西藏問題」不但遠比當年的「中國宗主權和西藏自治」模式複雜，而且它也絕不僅僅只是「一場分裂和反分裂的鬥爭」。西藏的獨立顯然已經不再是今天日益國際化的「西藏問題」最主要的焦點，也不再是「自由西藏」運動公開的首要訴求，它甚至也不是能使「西藏問題」今日如此國際化的重要原因。試想達賴喇嘛流亡海外的前二十餘年，不但他本人在國際舞臺上遠沒

---

15 甚至美國國會也曾於一九九一年宣稱西藏是「一個被佔領的國家」，並通過決議要求美國政府與西藏流亡政府建立外交關係。

16 關於美國政府以及流亡藏人在西藏獨立和自治問題上的糾結和左右搖擺的討論參見 Barry Sautman, "The Tibet Issue in Post-Summit Sino-American Relations", Pacific Affairs, Vol.72, No.1, Spring 1999, pp.7-21.

有今天這樣高的人氣，常常受西方世界冷落，而且西藏也遠沒有像今天這樣成為世界輿論的關注點之一，顯然，僅僅依靠西藏獨立的訴求是不可能掀起像今日這樣巨大的世界性的波瀾的。在今日彌漫世界經久不散的「西藏熱」的背後發揮了關鍵性作用的不是被稱為「西藏事業」（Tibet Cause）、或者「藏人事業」（Tibetan Cause）的「西藏獨立運動」（The Tibetan Independence Movement），而是以愈演愈烈的神話化西藏為特徵的西方精神殖民西藏運動，以及其國際化戰略（Internationalization strategy）。近二三十年來，西方世界對西藏所作的一個香格里拉式的後現代烏托邦的想像和設計，使得西藏變成了西方世界最受熱愛的、最不可或缺的「他者」。只有在這樣的背景下，「西藏問題」才能夠真正成為一個在世界範圍內受到最廣泛關注的國際性問題。

於西方的文化傳統中，西藏和藏傳佛教曾被作為東方專制和愚昧的典型代表而長期受到激烈的批判，甚至被妖魔化。進入近代以來，西方人對西藏和西藏文化的態度漸漸發生了變化，最終從妖魔化改變為神話化西藏。神話化西藏於西方世界的出現自然有其極其複雜和深刻的社會和文化背景，它是多種原因長時間綜合作用的結果，但西方傳統帝國主義、殖民主義的衰落顯然也是促成這一現象出現的重要原因之一。西方傳統的帝國主義觀念和實踐在二十世紀前半葉受到了嚴重的挫傷，很快開始走向衰落。曾經「日不落」的大英帝國的自信也因為兩次世界大戰和東方反殖民主義的民族解放運動的興起而受到了沉重打擊，於是，他們開始改變他們在東方的戰略，也開始改變他們對西藏的企求。就如榮赫鵬從一名對西藏的侵略者搖身一變而為西藏文化的熱心崇拜者一樣，西方人走出了曾經被他們嚴重妖魔化了的西藏，轉而開始為西藏大唱讚歌。由於西藏的地理位置與世隔絕、其文化傳統也相對陌生而獨特，故它比世界上任何其它地方更容易被人投

放和寄託各種各樣的形象、願望和想像。於是，像一九三〇年代出現
的遁世型小說《失落的地平線》（Lost Horizon）中對香格里拉的想像
一樣，西方對西藏的各種各樣的想像和設計層出不窮。[17]在近代地緣政
治中，西藏的這種相對的「無地性」（placelessness）十分方便西方人
對一個絕對的「他者」的設計和表述，允許他們對它進行一種去政治
化的形象建構。西藏漸漸地變成為西方的一個「服務社會」（Service
Society），一個既能夠給西方世界提供另一種選擇、另一種理想的他
者，又在政治上不挑戰西方、在經濟上也不與西方發生直接的利益衝
突的社會，儘管西藏人也曾經有過激烈地反對帝國主義和殖民主義侵
略的歷史。正是這一種對西藏的去政治化、去地域化的表述，最終促
成了當代「虛擬的西藏」（Virtual Tibet）和「精神的西藏」（Spiritual
Tibet）等典型的「神話西藏」（Mythos Tibet）形象的出現，西藏遂演
變成了人人心嚮往之的香格里拉，成了在西方後現代社會中深受歡迎
的「精神超市」。

　　在這個精神化、神話化西藏的過程中，傳統的西藏社會被賦予了
全新的內容和特徵，它漸漸被形塑成為一個超越時空（placeless and
timeless）的烏托邦，一個可遇而不可求的理想社會。在他們眼裏，
西藏是精神的、智慧的、和平的、非暴力的、男女平等的、自由的、
寬容的（開明的）、綠色的、環保的。這樣的一個「神話西藏」不但
與他們企圖要拯救的和解放的、目前處在共產中國統治之下的、同樣
也常常只是在他們的想像中才出現的那個「現實的西藏」（TAR）形
成鮮明的對照，而且也與他們自己目前朝夕相處的那個後現代西方社
會形成了強烈的對比。顯而易見，這個「神話西藏」的形象完全是按

---

17 參見沈衛榮，《尋找香格里拉——妖魔化與神話化西藏的背後》，《文景》2006年第
　　10期；亦見氏著《尋找香格里拉》，北京：中國人民大學出版社，2010年，第106-
　　123頁。

照當代西方人對一個失落了的美好的過去的懷戀而設計、創造出來的，它與傳統的，或者現實的西藏都沒有直接的關聯。這個形象的構建無疑是前述「比照形」帝國主義、殖民主義的一個經典例證，在這個虛構的精神烏托邦身上有著濃厚的帝國主義和殖民主義氣息。

今日的「虛擬的西藏」也好，「精神的西藏」也好，它與上個世紀三〇年代出現的「香格里拉」想像一脈相承，而後者原本就是一個帝國主義、殖民主義者心中的世外桃源，除了作者對它的地理位置的設計讓人無法不與西藏發生聯想之外，它的一切內在的設計都是徹頭徹尾的西方式的烏托邦，是西方殖民主義者夢想在東方建立起來的一塊理想的物質和精神的殖民地，在它身上具有濃重的帝國主義和殖民主義氣息。作為香格里拉理想的自然延續，今天的「神話西藏」顯然是帝國主義、殖民主義舊夢的一個全新的翻版。通過有意的掩蓋和一個歷史失憶的過程，這個「神話西藏」蛻去了香格里拉身上原本十分明顯的帝國主義和殖民主義印記，自然而然地把對香格里拉的想像整合到了今天西方人對一個後現代的精神烏托邦的想像之中。與這個過程相伴隨的實際上是西方世界從直接的、軍事的帝國主義和殖民主義侵略到以西方的文化霸權和政治話語霸權為標誌的全球化時代的轉變。從殖民主義的香格里拉夢想轉變為後現代「神話西藏」的想像，西方帝國主義和殖民主義的本質並沒有任何實質性的改變，但在方式上則從直接的軍事殖民轉變到了精神的和文化霸權式的殖民。[18]

將一個曾經受到極度妖魔化的傳統西藏理想化和神話化為一個西方後現代烏托邦的過程事實上是一個對西藏實行精神殖民的過程，因為這個被精神化了的西藏反映的既不是西藏的過去，也不是西藏的現

---

18 參見Masuzawa上揭文；沈衛榮，《香格里拉：誰之夢想？》，《中國民族》2013年第9期。

實，而完全是當代西方人自己的理想和訴求，所以，它無非是一面用來觀照當代西方社會種種現實弊端的鏡子。在這個理想化了的、虛擬的西藏社會中，絕大多數的西藏人依然是缺席的，他們自己的理想和現實訴求是不可能得到充分的體現和重視的。在這裏實際上聽不到現實中的西藏人自己的聲音，能夠參與這一「神話西藏」之創造的藏人多半不是生活在現實西藏社會中的藏人代表，他們的角色無非是為主流西方社會做幫腔。「神話西藏」形象的流行無疑是使西藏成為當今西方「最重要的他者」（the most significant other）而備受西方世界熱愛和關注的最重要的原因，但它不見得真能給現實的西藏帶來任何實際的利益，相反這種不切實際的西藏想像勢必將完全壓制和掩蓋現實西藏所面臨的所有歷史的和現實的具體問題和困難，使得後者在前者面前顯得如此地無足輕重和微不足道，可見，「神話西藏」的想像對現實的西藏可謂有百害而無一利，很可能給他們帶來極大的危害。

更有甚者，如果西方世界把「神話西藏」想像中的種種不切實際的觀念和理想的實現作為解決現實的西藏問題的前提，即要將想像的西藏化現為現實中的西藏，讓西方人借助他者和他者的土地來實現自己在自己的土地上無法實現的理想，不得不說，這本身就是一種典型的帝國主義、殖民主義行徑。「神話西藏」中的那個西藏顯然與歷史上的傳統西藏社會沒有任何共同之處，也難以想像它可以成為未來西藏的發展圖景。要將一個想像中烏托邦在一個現實世界中實現，這無異於緣木求魚，這無疑是一項不可完成的使命。而要將這項不可完成的使命預設為解決西藏問題的前提，這無異於故意給中國政府和包括西藏人民在內的所有人民製造難題。今日的「西藏問題」越來越引人注目，但也越來越複雜，越來越無解的重要原因之一，或就來源於此。值得引起高度警惕的是，在西藏被神話化為一個後現代的烏托邦的同時，中國也被塑造成了一個與「神話西藏」極端對立的「異托

邦」，中國被作為一個「神話西藏」的對立面從種種不同的角度被高度妖魔化，一切美好的東西統統歸屬於西藏，而一切醜陋的東西則通盤由中國來買單，這樣兩極的比照無疑人為地加深了漢、藏兩個民族之間的裂痕，為西藏問題的解決設置了巨大的障礙。

西方以「神話西藏」為基調形成了一整套動聽、迷人的「西藏話語」（Tibet Discourse），壓倒了世界上其它任何有關西藏的聲音和說法，形成了強有力的話語霸權，造成了對中國的巨大壓迫。這種壓迫在很大程度上來自西方的「西藏話語」中所表露和代表的種種普世的價值觀念和理想。在今日的「西藏話語」中，「西藏問題」的焦點不再是西藏獨立這一可以被理解為是狹隘的民族主義的訴求，而是對人權、和平、博愛、自由、環保、民族平等、宗教自由、文化自覺和傳統延續等等一系列具有普遍價值的熱愛和追求，所以，「自由西藏」的追求與今日全世界所有人的追求都有密切的關聯，代表的是當今世界人類最美好、最迫切的願望。而西方作為所有這些普世的價值觀念的創造者，在這種「西藏話語」中佔據著天然的居高臨下的主導地位，擔當著救世主的角色。[19]而不熟悉這話語的內容、結構及其運作方式的中國人則在所有有關西藏問題的討論和表述中都難免顯得有點笨嘴拙舌，常常牛頭不對馬嘴。

在西方的「西藏話語」中，今天與西藏相關的任何事物、問題都被他們賦予了普世的價值，都成了在時間和空間上超越現實西藏的、具有普世意義的話題，它們也都被放進了西方主導的普世的價值體系中，按照他們所制定的價值標準進行觀察和評價。所以，不管今天的西藏出現什麼樣的問題，人們往往不會去認真考慮西藏特殊的自然和

---

19 沈衛榮，《也談東方主義和「西藏問題」》，《天涯》2010年第4期；亦見氏著，《尋找香格里拉》，第162-177頁。

社會環境，不會去仔細探討導致這些問題出現的具體原因，而一定會首先將它們與某個普世的觀念和理想扯上關係，從而將它們高度的政治化、國際化。西方民眾對西藏宗教和文化的興趣與「西藏問題」日益國際化同步而變得高度政治化，這也是西方國家政府官方介入「西藏問題」的主要原因。在這種將西藏的宗教、文化和自然環境等均高度政治化的國際背景下，西藏只要有任何的風吹草動，都可以形成為世界性的巨大波瀾。人們完全忘記了現實的西藏不但與「神話西藏」毫無共同之處，而且從其自然條件、社會、政治和經濟發展水準，以及其現代化的總體程度等方面來看，現實的西藏與世界大部分地區相比都還有相當巨大的差距。用在政治、經濟和文化高度發達的西方社會都尚難以達到和實現的理想型的普遍價值標準來衡量西藏的現實，將現實西藏社會中出現的種種困難和問題無窮地誇大，並高度地政治化，這不管是對於中國，還是對於西藏都是極不公平的。這樣的做法除了會進一步激化西藏已存的和潛在的各種社會矛盾之外，對於現實西藏的進步和發展、對於改善和提高西藏人民的生活水準均無絲毫的好處。熱衷於「自由西藏」者，即使其初衷或許真的是熱愛西藏和西藏文化，希望能給西藏和西藏人民帶來美好的理想和光明的前途，但他們的做法或難與對西藏的精神殖民相脫離，其後果也一定適得其反，無法給西藏和西藏人民帶來任何實在的好處。[20]真如 Lopez 先生

---

20 筆者晚近曾去過一個比較邊遠的藏區訪問，雖然時間短促，見聞不廣，但依然深有感觸。我們在西藏以外的世界談論西藏，總會聯想起香格里拉等等字眼，但現實中的西藏距離香格里拉實在還是太遙遠了。一方面，一些邊遠藏區的老百姓目前面臨的還是一些十分基本的生存問題，藏族百姓的溫飽和基礎教育還依然是一個沒有得到解決的問題。像我訪問的這個藏區，老百姓的溫飽很大程度上依賴政府的救濟，兒童的基礎教育狀況不是好不好、是漢語教學還是藏語教學的問題，而根本就是有沒有的問題。而且，也看不到這種狀況在短期內得到根本改善的出路何在；但另一方面，由於西藏的政治、經濟和宗教文化都已經搭上了中國、現代化，甚至全球化

曾經指出過的那樣，西方很多熱衷於「西藏問題」的達賴喇嘛的支持者，甚至達賴喇嘛本人，實際上都是「香格里拉的囚徒」（Prisoners of Shangri-la）。他們無疑需要首先將他們自己從香格里拉這個牢籠中解放出來，才能夠對西藏和「西藏問題」進行理性的思考，並就「西藏問題」及其最終的解決方案與中國進行建設性的對話。

　　從以上對今日國際化的「西藏問題」的分析和討論，我們可以看出：當代（後現代）政治問題的棘手和難解並不是因為問題雙方間有著長期的歷史性的互相敵意，也不是二者之間存在著根本性的文化差異。事實上，將漢、藏兩個民族，或者將「中國」，即一個純粹漢人的國家，和「西藏」當作同一個問題的互相對立的雙方，這本身就是一個非歷史和非現實的做法，漢、藏兩個民族之間不但在政治上有著悠久的交互影響的歷史，而且在宗教和文化上也有著十分緊密的親和關係。「西藏問題」的形成和發展，從來就不只是漢、藏兩個民族之間的事情，西方作為帝國主義、殖民主義的直接的行為者，和普遍價值觀念的來源者，早已對「西藏問題」的性質和內容定下了難以改變的基調。所以，決定「西藏問題」今後的發展方向的顯然也不僅僅是被認為的問題雙方間的努力。這個已經十分國際化了的「西藏問題」能否最終得以解決，同樣取決於西方國家政府和民眾今後對「西藏問題」的態度和立場是否會有所改變。從這個角度來看，我們今天對於西方帝國主義的批評不只是一個滿足歷史好奇心的問題，而且還有著

的軌道，如何解決西藏百姓的生存、受教育和謀求發展等問題，都不再是僅僅涉及一個民族，或者一個區域的問題，它們都與中國，乃至世界的政治、經濟和文化聯繫在了一起，所以，這裏出現的任何最基本的生存和發展問題都可能被高度的政治化，被與所有普世的價值觀念和宏大的國際性話題聯繫起來，相反對造成這些問題的當時當地的具體的自然和人為的原因則多半被忽視，其結果當然不可能有益於這些基本問題的最終解決，而往往會使本來簡單的問題變得愈加複雜和激烈，更讓人看不到可以解決這些問題的前景。

十分迫切的現實意義，因為它依然是當代國際政治的一個不可或缺的
重要因素。

當代中華文化思想叢刊 A0103004

想像西藏：跨文化視野中的和尚、活佛、喇嘛和密教　下冊

作　　　者　沈衛榮

責任編輯　楊家瑜

發 行 人　陳滿銘

總 經 理　梁錦興

總 編 輯　陳滿銘

副總編輯　張晏瑞

編 輯 所　萬卷樓圖書股份有限公司

排　　版　林曉敏

印　　刷　百通科技股份有限公司

封面設計　菩薩蠻數位文化有限公司

出　　版　昌明文化有限公司

桃園市龜山區中原街 32 號

電話 (02)23216565

發　　行　萬卷樓圖書股份有限公司

臺北市羅斯福路二段 41 號 6 樓之 3

電話 (02)23216565

傳真 (02)23218698

電郵 SERVICE@WANJUAN.COM.TW

大陸經銷

廈門外圖臺灣書店有限公司

　　電郵 JKB188@188.COM

ISBN 978-986-496-110-8

2018 年 1 月初版

定價：新臺幣 280 元

如何購買本書：

1. 轉帳購書，請透過以下帳戶

　　合作金庫銀行 古亭分行

　　戶名：萬卷樓圖書股份有限公司

　　帳號：0877717092596

2. 網路購書，請透過萬卷樓網站

　　網址 WWW.WANJUAN.COM.TW

大量購書，請直接聯繫我們，將有專人為您

服務。客服：(02)23216565 分機 610

如有缺頁、破損或裝訂錯誤，請寄回更換

國家圖書館出版品預行編目資料

想像西藏：跨文化視野中的和尚、活佛、喇
嘛和密教 / 沈衛榮著.-- 初版.-- 桃園市：
昌明文化出版；臺北市：萬卷樓發行,
2018.01　冊 ；　公分.--(當代中華文化思想
叢刊)

ISBN 978-986-496-110-8(下冊：平裝)

1.西藏問題 2.文化研究

676.64　　　　　　　　　　　　107001276

本著作物經廈門墨客知識產權代理有限公司代理，由北京師範大學出版社（集團）有
限公司授權萬卷樓圖書股份有限公司出版、發行中文繁體字版版權。

本書為金門大學華語文學系產學合作成果。　　　　　　　　　　　**校對：林庭羽**